《企业文件材料归档范围和档案保管期限规定》

实施指南

李和平　主编

国家档案局经济科技档案业务指导司编写

電子工業出版社
Publishing House of Electronics Industry
北京·BEIJING

内 容 简 介

本书主要内容有：《企业文件材料归档范围和档案保管期限规定》制定的背景、意义，《规定》主要内容详解，档案鉴定理论，宣传贯彻《规定》有关的注意事项，企业文件材料归档范围和档案保管期限表的编制过程与方法，编制过程中的业务指导、审查，有关问题解答等。附录有：《企业文件材料归档范围和档案保管期限规定》，《国家档案局关于贯彻实施〈企业文件材料归档范围和档案保管期限规定〉的通知》，中国兵器工业集团公司管理类档案保管期限表（草案）、中信集团公司科研档案（草案），产品生产档案、重大建设项目档案、设备档案、会计档案、人事档案、金融业务档案等保管期限参考表。

本书适合各级档案行政管理部门工作人员、企业档案管理人员、档案学者、企业管理人员、工程技术人员、档案与情报专业大中专学生学习。

图书在版编目（CIP）数据

《企业文件材料归档范围和档案保管期限规定》实施指南 / 李和平主编. —北京：电子工业出版社，2013.7

ISBN 978-7-121-20539-2

Ⅰ. ①企…　Ⅱ. ①李…　Ⅲ. ①企业—文件—档案管理—指南　Ⅳ. ①F272.9-62

中国版本图书馆 CIP 数据核字（2013）第 111698 号

责任编辑：许存权

印　　刷：北京七彩京通数码快印有限公司

装　　订：北京七彩京通数码快印有限公司

出版发行：电子工业出版社

北京市海淀区万寿路 173 信箱　邮编　100036

开　　本：850×1 168　1/32　印张：8.375　字数：210 千字

印　　次：2023 年 9 月第 8 次印刷

定　　价：39.00 元

凡所购买电子工业出版社图书有缺损问题，请向购买书店调换。若书店售缺，请与本社发行部联系，联系及邮购电话：（010）88254888。

质量投诉请发邮件至 zlts@phei.com.cn，盗版侵权举报请发邮件至 dbqq@phei.com.cn。

服务热线：（010）88258888。

前　言

文件材料归档范围的合理确定与档案保管期限的准确划分是档案管理工作的关键和基础，决定着档案资源的组成和价值。

企业文件材料内容广泛，成分复杂，归档范围和保管期限确定需考虑的因素众多，是企业档案工作的难点之一。为使档案工作适应国民经济的发展和企业经营管理在理念、方法、工具等方面的变化和发展趋势，进一步规范企业文件材料的归档和档案的价值鉴定工作，国家档案局制定并颁布了《企业文件材料归档范围和档案保管期限规定》（国家档案局令第 10 号，以下简称《规定》），对企业文件材料归档范围和档案保管期限表的编制工作提出了规定性要求。为使《规定》宣传贯彻工作顺利进行，国家档案局经济科技档案业务指导司组织编写了本实施指南，全面介绍了《规定》制定的背景、意义及主要内容，宣传贯彻《规定》有关的注意事项，企业文件材料归档范围和档案保管期限表的编制方法，以及编制过程中的业务指导等工作。档案行政管理部门和企业档案人员可根据工作需要参照学习，更好地理解和把握《规定》的要求。

本实施指南由国家档案局副局长李和平主编，参加编写的人员有李晓明、王岚、肖云、蔡盈芳。附录部分的实例由中国兵器工业档案馆、中国中信集团有限公司办公厅提供。本书撰写过程中还参照了部分金融企业提供的资料和有关专家学者的著作，在此一并致谢。

因各种原因，本书难免有不足和错误，欢迎读者批评指正。

编写组

2013 年 5 月

目　　录

第一章　《规定》制定的背景、意义和原则

一、背景

企业是社会单位组成的重要方面。企业生产经营过程中形成的各种文件材料，既是企业经营的真实记录，也是改革开放以来我国经济成长、发展和壮大的历史记录。在完善社会主义市场经济体制的进程中，企业档案在规范企业管理、辅助生产经营、维护企业权益、完善法制经济、解决企业纠纷以及追踪产品质量所具有的重要凭证、依据和参考作用越来越明显。

国际上，规范企业文件材料与档案管理也日益成为通行的法规行为，不少外商投资企业进入中国后都向档案行政管理部门询问有否关于企业文件材料收集、档案保存的有关国家规定。近年来，随着全球化进程加快，一些发达国家对企业文件材料形成与档案保存更是作出严格的法律规定。如美国的“萨班斯法案”（SOX）对上市公司财务文件就有严格保存期限规定。

2008年，财政部、审计署、证监会、银监会、保监会印发的关于《企业内部控制基本规范》，要求企业应当以书面或者其他适当的形式，妥善保存内部控制建立与实施过程中的相关记录或资料，确保内部控制建立与实施过程的可验证性。其后，作为全面提升上市和非上市大中型企业经营管理水平的重要举措和应对国际金融危机的重要制度安排，五部门又联合发布了《企业内部控制应用指引》、《企业内部控制评价指引》和《企业内部控制审计指引》，其中多处要求企业建立完善的档案、记录管理，确保企业

行为的可审计性。这说明良好的档案管理对加强和规范企业内部控制，提高企业经营管理水平和风险防范能力，促进企业可持续发展，维护社会主义市场经济秩序和社会公众利益等，具有重要的基础作用。

2010年，在过去有关标准、规定的基础上，国家档案局着手研究起草《规定》，以适应市场经济体制完善、WTO法规一致性要求，进一步规范国有、民营及外商投资等各类企业的文件材料归档范围和档案保管期限。

《规定》的制定，正是适应社会主义市场经济体制完善和现代企业制度、现代产权制度的要求，规范企业各类文件材料的归档范围和档案保管期限，使企业档案成为企业内部控制、健全各项管理、依法规范经营的基础，有效地服务企业各项活动的凭证参考需要，并满足国家和公众对企业依法生产经营进行监督管理的要求。

二、意义

为适应市场经济完善、法规一致要求，国家档案局制定《规定》，以进一步规范国有企业、民营企业及外商投资企业等各类企业的文件材料归档范围和档案保管期限，使企业档案成为企业内部控制、健全各项管理、依法规范经营的坚实基础，成为满足国家和公众对企业依法经营进行监督管理的重要依据，成为有效服务企业各项活动、承载企业发展历程的真实记录。

《规定》是一部新形势下企业档案业务建设的重要规章，是改革开放以来我国企业档案工作提升发展的重要成果，是企业科学界定文件材料归档范围，准确划定保管期限的重要指南。《规定》的贯彻实施，对企业科学编制文件材料归档范围和档案保管期限表，推动企业和国家档案资源建设具有重要意义。各级档案行政管理部门和各级企业应该从依法治档的高度，正确认识和贯彻实施《规定》，增强学习贯彻的主动性和自觉性，正确把握《规定》的精神实质和实施要求，使《规定》能够在企业中落到实处。

三、原则

《规定》制定遵循下列原则：

一是法规一致。体现市场经济体制要求，面向各种类型、各种规模、各种所有制及外资等在中国境内经营的所有企业。

二是科学发展。全面涵盖各种门类和各种载体文件材料基础上，贯穿以人为本，重视公民权益，体现合规管理，履行社会责任。

三是与时俱进。充分考虑我国企业发展现状和企业研发、生产、经营和管理活动的特点，适应社会主义市场经济体制完善和现代企业制度、现代产权制度建立的要求。

四是明确责任。对档案行政管理部门和企业在执行《规定》中的职责和义务做出规定性要求。

第二章 《规定》内容介绍

第一节 《规定》的结构与主要内容

一、《规定》概览

《规定》分为正文和附表，正文对企业文件材料归档范围和档案保管期限表提出要求；附表为《企业管理类档案保管期限表》，是一表多用，既有归档范围又有保管期限。规定全文共 21 条，包括 5 个部分。

第 1 部分：目的、意义、定义、责任要求

第一条至第三条，就《规定》制定的目的、意义和有关定义进行说明，对管理责任提出了要求。

第 2 部分：企业文件材料归档范围及要求

第四条至第六条，就企业文件材料的归档范围提出了要求。

第 3 部分：企业文件材料具体内容及保管期限

第七条至第十四条，就企业文件材料归档范围和档案保管期限的划分提出要求。

第 4 部分：档案保管期限表的编制及报审要求

第十五条至第十八条，就企业文件材料归档范围和档案保管期限表的编制工作提出要求。

第 5 部分：适用及附则

第十九条至第二十一条，对《规定》内容的适用性、解释权和生效时间进行规定。

5个部分中，第1部分是基础，第2、3部分是核心，第4、5部分是保障，共同构成规范企业文件材料归档范围和档案保管期限工作的全过程要求。

二、《规定》与其他文件的关系

（一）国家档案工作法规体系构成

国家档案工作法规体系按层次从高到低依次由档案法律、档案行政法规、地方性档案法规、档案规章、档案规范性文件等组成。

档案法律由全国人民代表大会及其常务委员会制定，并由国家主席签署主席令予以公布。主要有《中华人民共和国档案法》以及刑法、民法等基本法律及其他专门法中涉及的档案内容或条款。

档案行政法规由国务院根据宪法和法律制定，并由总理签署国务院令予以公布。

地方性档案法规由省、自治区、直辖市以及较大的市的人民代表大会及其常务委员会根据本行政区域的具体情况和实际需要制定，并由大会主席团或其常务委员会发布公告予以公布。

档案规章，包括国务院部门规章和地方政府档案规章。部门规章由国家档案局依据法定权限制定或国家档案局与国务院其他专业主管机关或者部门联合制定，并由部门首长签署命令予以公布。

档案工作规范性文件由各种办法、细则等组成。

（二）《规定》的性质与效力

《规定》以令的形式颁布，属于国务院部门规章，其效力高于一般的由部门制定的规范性文件，如办法和标准规范。因此，其他有关企业文件材料归档范围和档案保管期限的办法、标准、规范与本《规定》相冲突时以本《规定》为准。

（三）《规定》与《企业档案工作规范》的关系

《规定》是行政规章，《企业档案工作规范》属于标准规范类文件，而且标准的附录是参考性附录，所以《规定》在文件效力上高于标准规范类文件。《规定》是根据最新的形势和原则编写的，内容有更好的针对性和适应性。

（四）《规定》与《国有企业文件材料归档办法》的关系

《国有企业文件材料归档办法》是2004年由国家档案局和国务院国有资产监督管理委员会联合下发的，文件附有《国有企业文件材料归档范围》，对国有企业文件材料的归档范围进行了规定。这两个文件在总的思想和原则上并不冲突，主要区别在于由于《国有企业文件材料归档办法》成文较早，条目设置比较原则，许多新的文件内容未在文件中体现出来，因此企业在制修订文件材料归档范围和档案保管期限时，应以《规定》为准。

（五）《规定》与其他办法、标准规范的关系

《规定》只提供了企业文件材料归档范围和管理类档案保管期限表的编制依据，并对编制工作进行了原则性的规定。由于各专业档案产生的多样性，每个专业领域产生的文件材料千差万别，因此其他有关档案规章制度、标准规范，可以作为企业制定其他文件材料归档范围和档案保管期限表时的参考。如国家档案行业标准《国家重大建设项目文件归档要求与档案整理规范》、《科学技术研究档案管理暂行规定》、《企业职工档案管理工作规定》、《会计档案管理办法》等，就是企业建设项目、科研、会计、职工等的文件材料归档范围和档案保管期限表编制的重要参考依据。企业在编制文件材料归档范围和档案保管期限表时依据国家及专业相关规定，正是《规定》的要求之一和倡导的精神（见《规定》第十五条）。

第二节 《规定》正文内容释义及特色

一、正文内容条文释义

第一条 为便于企业正确界定文件材料归档范围，准确划分档案保管期限，促进企业依法经营和规范管理，根据《中华人民共和国档案法》、《中华人民共和国档案法实施办法》，制定本规定。

本条主要是明确《规定》制定的目的和法律依据。

《档案法实施办法》明确对国家和社会有保存价值的档案属于国家所有的，由国家档案局会同国家有关部门确定具体的范围。

《规定》对企业文件材料归档范围和档案保管期限表的制定工作进行详细的规范，制定这样一个规章的最终目的就是为了企业在档案工作中正确界定文件材料的范围，准确划分档案保管期限。

将制定10号令的目的定位为上述内容是有其根据的。尽管企业档案工作很早就成为企业基础管理的一部分，企业档案的作用也为大家所知，但在文件材料归档范围的界定和档案保管期限的划分上一直存在着粗放和理念滞后的问题。表现为归档范围没有随着企业活动重点的变化而变化，许多新产生的文件材料没能纳入归档范围，文件材料归档范围和档案保管期限表述过于概括。在保管期限的划分方面，重管理轻业务；在划分方法上档案部门要么大包大揽，要么听由业务部门自主划定，其最终结果是档案资源结构不合理，档案资源难以发挥应有的作用。

正是为了改变上述状况，国家档案局根据近年档案工作发展的需要，并参照国家档案局8号令，制定出了《规定》。

在《规定》制定的依据方面则是高于国家档案局令的《中华人民共和国档案法》、《中华人民共和国档案法实施办法》，其他低于国家档案局令的规章制度、标准规范都不能作为制定的依据，但可以是其制定过程中的参考，其中就包括《企业档案工作规范》。

第二条　本规定所指的企业文件材料是指企业在研发、生产、服务、经营和管理等活动过程中形成的各种门类和载体的记录。

本条文对企业文件材料进行了定义。在这个定义中要注意其外延的广泛性。

一是企业活动过程外延。即企业文件来源于企业的所有活动过程，这个过程主要包括的是企业围绕产品或服务开展的研发、生产、服务、经营和管理等日常活动，但企业文件材料还形成于企业本身的演化过程活动，其中就包括企业自身的设立、分立、合并、解散等过程。

二是企业文件材料内容外延。包括文书、科技、生产、管理、专项业务，以及二维、三维、多媒体等各类内容的记录。

三是载体外延。即企业文件材料的载体形式包括所有的形式，文字、图表、声像、电子、实物等，不论何种载体，凡带有记录的性质均属文件材料的范畴。

第三条　各级档案行政管理部门依照企业资产关系分别负责对企业文件材料归档范围和档案保管期限表编制工作进行业务指导和监督。

本条款规定了企业文件材料归档范围和档案保管期限表编制工作中的业务指导和监督权限，权限划分的范围是资产关系。由于企业文件材料归档范围和档案保管期限表编制工作是一项与企业产品和业务高度相关的专业性很强的工作，所以业务指导和监督应按照资产关系和专业活动来进行。中央级企业（包括中央企业、中央金融企业、中央文化企业等）负责监督指导下属企业文件材料归档范围和档案保管期限表编制工作。地方国有企业同样应负责监督指导下属企业文件材料归档范围和档案保管期限表编制工作。

第四条　企业文件材料归档范围是：

（一）反映本企业在研发、生产、服务、经营、管理等各项活动和基本历史面貌的，对本企业各项活动、国家建设、社会发展和历史研究具有利用价值的文件材料；

（二）本企业在各项活动中形成的对维护国家、企业和职工权益具有凭证价值的文件材料；

（三）本企业需要贯彻执行的有关机关和上级单位的文件材料，非隶属关系单位发来的需要执行或查考的文件材料；社会中介机构出具的与本企业有关的文件材料；所属和控股企业报送的重要文件材料；

（四）有关法律法规规定应是归档保存的文件材料和其他对本企业各项活动具有查考价值的文件材料。

本条是《规定》的重点内容之一。列出了企业文件材料的归档范围，各要点之间基本按照文件材料的来源和价值来安排的。第（一）、（二）点规定了本企业形成文件材料，第（三）点是指企业外部发来的文件材料，第（四）点是指其他来源的文件材料。

以上四款是原则规定，既是企业判断文件材料是否需要归档的价值标准，同时又赋予了企业在编制本企业文件材料归档范围的自主性和灵活性，各企业应从实际出发，根据本企业的职能活动，合理界定文件材料的归档范围。

第五条 企业下列文件材料可不归档：

（一）有关机关和上级主管单位制发的普发性不需本企业办理的文件材料，任免、奖惩非本企业工作人员的文件材料，供工作参考的抄件等；

（二）本企业文件材料中的重份文件，无查考利用价值的事务性、临时性文件，未经会议讨论、未经领导审阅和签发的文件，一般性文件的历次修改稿、各次校对稿，无特殊保存价值的信封，不需办理的一般性来信、来电记录，企业内部互相抄送的文件材料，本企业负责人兼任外单位职务形成的与本企业无关的文件材料，有关工作参考的文件材料；

（三）非隶属关系单位发来的不需贯彻执行和无参考价值的

文件材料；

（四）所属和控股企业报送的供参阅的一般性简报、情况反映，其他社会组织抄送不需本企业办理的文件材料；

（五）其他不需归档的文件材料。

本条规定了企业文件材料的不归档范围。本条款表述是可选意思，即上述文件材料只是可不归档，不是绝对的不能归档，如本企业认为上述文件材料有需归档的也可以列入归档范围，因此，只是将这些文件材料成分列出，供制定本企业的有关规定或界定归档范围时参考。

第六条　凡属企业归档范围的文件材料，必须按有关规定向本企业档案部门移交，实行集中统一管理，任何个人不得据为己有或拒绝归档。

本条对文件材料的管理方式做出规定，即文件材料必须向档案部门移交，实行集中统一归档，除有其他规定的情形外，文件材料不得由个人保管而拒绝归档。此条文依据《档案法》，强调集中统一管理。

第七条　企业档案的保管期限定为永久、定期两种，定期一般分为30年、10年。

本条对企业档案保管期限的设置进行重新规范。将原企业档案保管期限由永久、长期、短期三分法改为两分法即永久、定期，定期实行标时制，即30年、10年，这是企业档案价值鉴定的重大改革，同时与机关档案价值鉴定方法保持一致。标时制有利于优化企业档案资源结构，加快剔除无利用价值档案的频率，减少保管档案的压力。标时制在理念上不同于原来的三分法。

第八条　永久保管的企业管理类档案主要包括：

（一）本企业设立、合并、分立、改制、上市、解散、破产或其他变动过程中形成的文件材料；本企业董事会、监事会、股东会的构成、变更、召开会议、履行职责和维护权益的文件材料；

（二）本企业资产和产权登记、评估与证明文件材料，资产和产权转让、买卖、抵押、租赁、许可、变更、保护等凭证性文件材料，对外投资文件材料；本企业资本金核算、确认、划转、变更等文件材料，企业融资文件材料；

（三）本企业关于重要问题向有关机关和上级主管单位的请示、报告、报表及其复函、批复，有关机关和上级单位制发的需本企业办理的重要文件材料，行业协会、中介机构等对本企业做出的重要决定、出具的审计、公证、裁定等重要文件材料，本企业与其他组织和个人形成的重要合同、协议及补充协议等文件材料；

（四）本企业发展规划、战略决策、重大改革、年度计划和总结文件材料；内部管理制度、规定、办法等文件材料；

（五）本企业机构演变，人力资源管理的重要文件材料；本企业涉及职工权益的其他重要文件材料；企业文化建设文件材料；

（六）本企业经营管理工作的重要文件材料；

（七）本企业生产技术管理工作的重要文件材料；

（八）本企业行政管理工作的重要文件材料；

（九）本企业党群工作的重要文件材料；

（十）新闻媒体对本企业重要活动、重大事件、典型人物的宣传报道；

（十一）有关机关和上级主管单位领导、社会知名人士等重要来宾到本企业检查、视察、调研、参观时的讲话、题词、批示、录音、录像、照片及企业工作汇报等重要文件材料；本企业参与国家和社会重大活动的重要文件材料，本企业职工参加省级以上党、团、工会、人大、政协等代表大会形成的重要文件材料；

（十二）本企业直属单位、所属、控股、参股、境外企业和机构报送的关于重要问题的报告、请示和批复等文件材料。

本条界定了永久保管的管理类档案的文件材料归档范围，是《规定》的重点内容。在逻辑顺序上基本上以企业活动并结合来源顺序进行表述，其中对与人和与资产产权活动有关的文件材料作了重点和更细的规定，体现了《规定》以人为本和突出企业独立法人资格的思想。同时遵循将重要文件材料列入永久档案归档的思想与原则。

永久档案把握的重点，首先是以“我”为主，自己产生的独有的带有凭证、依据性的文件；其次是外来文件中需要执行和依据性的重要文件。

第九条　定期保管的企业管理类档案主要包括：

（一）本企业资本金管理、资产管理的一般性文件材料；本企业涉及职工权益的一般性文件材料；

（二）本企业部门工作或专项工作规划，半年/季度/月份计划与总结等文件材料；

（三）本企业召开会议、举办活动的一般性文件材料；发布的一般性公告；

（四）本企业经营管理工作的一般性文件材料；

（五）本企业生产技术管理工作的一般性文件材料；

（六）本企业行政管理工作的一般性文件材料；

（七）本企业党群工作的一般性文件材料；

（八）本企业关于一般性问题向有关机关和上级主管单位的请示、报告、报表及有关机关和上级主管单位复函、批复；有关机关和上级主管单位、行业协会制发的需本企业贯彻执行的一般性文件材料和对本企业出具的一般证明文件；本企业与其他单位和个人形成的一般性合同、协议文件材料；

（九）直属单位、所属和控股企业一般性问题的请示、报告、来函与本企业的批复、复函等文件材料；

（十）本企业参与国家和社会活动的一般性文件材料，本企业职工参加省以上党、团、工会、人大、政协等代表大会形成的一般性文件材料；本企业接待重要来宾的工作计划、方案等一般性文件材料。

（接上页）本条界定了定期保管的管理类档案的文件材料范围，也是《规定》的重点内容。以企业活动并结合来源为逻辑顺序进行叙述，其中对与人和与资产产权活动有关的文件材料基本没列入定期保管，体现了本《规定》以人为本和突出企业独立法人资格的思想。列入定期保管期限的文件材料基本以企业活动中形成的一般性文件材料为主。

定期档案更多的是过程性、说明性的文件材料。

第十条 企业经营管理、生产技术管理、行政管理、党群工作等管理类档案保管期限见附件。

本条规定了管理类档案保管期限的划分方案，引出了附表。本条首次使用“管理类档案”一词。关于“管理类档案”的含义，可参照问题解答。

第十一条 本规定的档案保管期限为最低期限，各企业在具体划分档案保管期限时可选择高于本规定的年限。

本条对档案保管期限的灵活处置原则进行了规定，是对第六条的补充。即企业在划分档案保管期限时可不限于永久、30 年、10 年三个时间期限，可设置 40 年、20 年、25 年等时间期限，但都不得低于《规定》确定的期限，如应划为永久的档案不得定为 50 年，应划入 30 年的档案不得划为低于 30 年保管期限，但可以划分 35 年或 40 年。

第十二条 企业产品生产和服务业务、科研开发、基本建设、设备仪器、会计、干部与职工人事等文件材料的归档范围和档案保管期限，按国家有关规定、标准，结合企业实际执行。

本条规定了除管理类档案外的企业其他各类档案的文件材料归档范围和档案保管期限表编制要求。尽管《规定》管理的范围是企业所有文件材料归档范围和档案保管期限，但由于企业产品和服务千差万别，文件材料的归档范围也是千差万别，因此，无法制定出比较统一的参考表。各企业在制定产品生产和服务业务的文件材料归档范围和档案保管期限表时要按国家有关规定、标准，结合企业实际情况执行。

科研开发、基本建设、设备仪器、会计、干部与职工人事等文件材料的归档范围和档案保管期限表，国家已有办法、标准和规范，各企业可直接引用和参照，参考依据分别为：基本建设、设备仪器依据《企业档案工作规范》和《国家重大建设项目文件归档要求与档案整理规范》，会计档案依据《会计档案管理规定》（财会字[1998]32 号），职工人事档案依据《企业职工档案管理工作规定》（劳力字[1992]33 号）。

本条款也更加明示了《规定》条款的覆盖范围不仅是管理类档案，而是企业的各类档案。各企业既要关注管理类档案的管理，更应该管理与业务并举，各类档案业务同步发展。

第十三条　企业应归档纸质文件材料中，有重要修改意见和批示的修改稿及有发文稿纸或文件处理单的，应与文件正本、定稿一并归档。

企业对于无相应纸质或确实无法输出成纸质的电子文件应纳入归档范围并划分保管期限。

企业对归档的电子文件的元数据要进行相应归档。

本条规定了文件不同稿本和电子文件归档的要求，是对第三条、第四条、第七条和第八条的补充说明。

一是将有重要修改意见和批示的修改稿纳入归档范围，这是对第四条中“未经领导审阅和签发的文件，一般性文件的历次修改稿、各次校对稿”的补充。

二是强调将电子文件纳入归档范围和要求，尤其是对无法输出纸质文件的电子文件特别作了强调。这是因为现有的有关电子文件的管理制度、标准、规范在电子文件的归档范围上均表述为参照纸质文件的归档范围，但在企业活动中实际产生大量无对应纸质文件的电子文件，如无法输出纸质的三维图形，这些电子文件往往成为归档的死角，因此本条特别做出说明。有条件的企业最好能在电子文件的归档范围和电子档案的保管期限上下功夫，将电子文件的归档范围和电子档案保管期限进行细化，列出需归档的电子文件的名称或内容，增强操作性，促进企业电子文件的归档。

三是强调了电子文件元数据的归档原则，即要与电子文件同时归档。电子文件元数据的管理可参照《文书类电子文件元数据方案》（DA/T 46—2009）。

第十四条　多个企业联合召开的会议、联合研制的产品、联合建设或研究的项目、联合行文所形成的文件材料原件由主办企业归档，其他企业将相应的复制件或其他形式的副本归档。

本条规定了多个单位共同完成的项目、联合行文产生的文件材料归档的原则，即以主办单位为主归档原则。而且也只有在只有一份正本的情况下才适用本条款，如原件有多份，可分别归档原件。本条所涉及的联合研制的产品、联合建设或研究的项目要与实际工作中产品部件分包、配套区分开来。

第十五条　企业应依据本规定和国家及专业相关规定，结合本企业生产组织方式、产品和服务特点，编制本企业的各类文件材料归档范围和档案保管期限表。企业应按资产归属关系，指导所属企业根据有关规定规范各类文件材料归档范围和档案保管期限表的编制并审批所属企业的文件材料归档范围和档案保管期限表。

本条对企业文件材料归档范围和档案保管期限表的编制工作做出了规定，其中包括两层意思。一是要求各企业在编制文件材料归档范围和档案保管期限表时除依据本规定、国家及专业其他相关规定外，要结合本企业的生产组织方式、产品及服务特点，而不是照抄照搬范本和有关规定。二是要求凡是有下属单位的企业除按要求编制公司本部文件材料归档范围和档案保管期限表外，还必须指导下属单位编制各类文件材料归档范围和档案保管期限表，并进行审批。在这方面企业所起的作用与档案行政管理部门相同。但需要注意的是企业对下属单位的业务指导和档案保管期限表的审查是包括所有的档案类别，而不仅仅是管理类档案。但是各级档案行政管理部门在审查企业集团或总部时则可以进行取舍，可只对管理类文件材料归档范围和档案保管期限表进行审查。

第十六条　中央管理的企业（包括国务院国有资产监督管理委员会监管中央企业、金融企业、中央所属文化企业等）总部的文件材料归档范围和管理类档案保管期限表，报国家档案局同意后执行。

地方国有企业总部编制的文件材料归档范围和管理类档案保管期限表，报同级档案行政管理部门同意后执行。

本条对国有企业文件材料归档范围和管理类档案保管期限表的审查分工进行规范，是各级档案行政管理部门开展工作的依据，具体操作方法参照本书第六章第二、三节。

审核把关是保证企业文件材料归档范围和档案保管期限表质量的重要措施，是档案行政管理部门履行监督指导职责的一种方式。本《规定》规定的对国有企业文件材料归档范围和档案保管期限表的审核是为了加强对国有企业档案工作的监督和管理。提高档案质量，是国家档案资源建设的基础。

第十七条　企业资本结构或主营业务发生较大变化时，应及时修订和完善文件材料归档范围和档案保管期限表。

本条仍旧是对企业文件材料归档范围和档案保管期限表的编制方法作出规定，即设定了修订和完善文件材料归档范围和档案保管期限表的条件。这个条件是定性的，具体实施过程中需要各企业根据实际情况掌握，其目的是改变有些企业一份文件材料归档范围和档案保管期限表一管十几年的状况。我国的企业处于快速发展中，在这个过程中，企业在经营范围、规模、资本结构、治理结构、经营管理工作重点等等方面都在发生着变化，这些变化有可能会产生新的文件材料，或改变原有文件材料的名称，此时如文件材料归档范围和档案保管期限表不及时修订，有可能使原修订文件材料归档范围和档案保管期限表的适应性和规范性降低，在实际归档工作中遗漏重要文件材料。一般来说，文件材料归档范围和档案保管期限表满五年应再次修订。

第十八条 企业在编制文件材料归档范围和档案保管期限表时，应全面分析和鉴别本企业形成文件材料的现实作用和历史价值，统筹考虑纸质文件材料与其他载体文件材料的管理要求，准确界定文件材料的归档范围和划分档案保管期限。

本条要求是保管期限划定过程中要统筹考虑纸质文件材料与其他载体文件材料的管理要求，如电子档案由于其存储密度大、管理成本较低，可适当延长保管期限。

第十九条 本规定适用于在中华人民共和国境内注册设立的企业，在境外经营的企业，由企业总部参照本规定提出实施要求；科技事业单位可参照执行。

关于《规定》适用的企业范围是所有在中华人民共和国境内注册设立的企业，包括不同所有制、不同规模、不同产品的企业，但对非国有企业不强制要求审查。国内机构在境外经营的企业由国内机构参照《规定》提出实施要求。鉴于目前尚未制定针对事业单位的文件材料归档范围和档案保管期限规定，科技事业单位可参照本《规定》执行，这也是考虑到科技事业单位活动在本质上与企业基本相同的实际。

第二十条 本规定由国家档案局负责解释。

本条规定了《规定》的解释权，即由国家档案局负责解释。国家档案局负责法规解释事务的一般是政策法规司，具体到企业档案业务工作也可咨询经济科技档案业务指导司。

第二十一条 本规定自2013年2月1日起施行。

根据《立法法》，一份规章施行前必须提前一个月公布，即施行必须在公布后的至少一个月，因此，本规定生效时间为2013年2月1日。

企业在具体实施过程中不必拘泥于生效日期，而是在充分做好准备、将本企业的文件材料归档范围和档案保管期限表编制完成并经上级部门同意执行后开始在本企业实施。由于在保管期限设置上改革较大，实施过程中一定要做好有关衔接和准备工作，不要在同一年度中同一类型的档案保管期限既有三分法又有标时制。

二、《规定》正文条款特色

《规定》与以往下发的类似规定相比有许多创新和特色，主要体现如下：

1.《规定》明确了归档范围的划分标准

主要体现在第四和第五条。以前，刚到档案部门工作的员工一定会问的一句话就是，“什么是档案，什么样的文件要归档，是不是所有的文件都要归档？”更有初到档案室工作的同志在归档时把当年收到的文件全部按收到的先后顺序装订，并称之为归档。第四、五条的内容就是为了解决这个问题而设置的。在《规定》中非常清楚地说明了哪些需要归档，哪些不需要归档。

2．明确了管理类档案保管期限界定标准

主要内容体现在第七、八条。分别清楚地划出了管理类的永久保管档案的划分原则和定期保管档案的划分原则，后面的附表完全是按照此原则来设定的，这也是以前有关规定所没有的。

3．将保管期限三分法改为标时制

将企业档案保管期限由永、长、短三分法改革为永久、定期，定期再分为30年和10年。现在大多数企业使用的是三分法，也有些企业参照8号令对管理类档案采用标时制，但其他各类档案仍旧沿用三分法。《企业档案工作规范》提出了企业档案的标时制，但由于该规范并非强制执行，所以很多企业也并未全部采用标时制。《规定》将企业档案保管期限由三分法改为标时制，这就意味着，不仅管理类档案，其他各类档案也要求采用标时制，主要是考虑档案管理的一致性。

4．对国有企业文件材料归档范围和档案保管期限表设置了审查机制

内容见第十五条。这也是第一次针对企业制定的国有企业文件材料归档范围和档案保管期限表设置了审查机制，目的是为了提高文件编制的质量。审查分工划分如下：

（1）国家档案局负责管理中央企业总部文件材料归档范围和档案保管期限表的审查；

（2）省级以下档案行政管理部门负责本区域内地方国有企业制定的文件材料归档范围和档案保管期限表的审查；

（3）中央企业的下属企业，其文件材料归档范围和档案保管期限表由其上级企业，即中央企业总部或中央企业总部授权的机构审查。

第三节　《规定》附表内容及特色

一、《企业管理类档案保管期限表》内容组织与排序

《管理类档案保管期限表》是一个多功能表，属一表两用，既是归档范围表，同时又是保管期限表。表内按职能结合来源列出了企业管理类文件材料的归档范围和管理类档案的保管期限，共18条。条目的排列顺序是：

1．依文件材料产生的先后顺序，把企业设立过程形成的文件材料排在最前面。

2．依据文件材料的重要程度排列，把有关企业资产、资本、治理等重要文件材料置于前，其他置于后，把与企业领导活动有关的文件材料置于前，把其他活动文件材料续后。

3．多种逻辑关系综合运行，其中包括来源原则结合档案分

类、企业活动分类原则进行，在按来源原则划分后，对企业内部产生的文件材料基本按档案分类、企业活动分类原则进行排列。

在事由原则下，对外部来文不再进行过分的细化，而把重点放在本企业产生文件上。

在同一事由下，改变以前全部按事由叙述的方法，采用文种与事由相结合的方法，先叙述通用文种，再叙述每一事由下的其他文件。

二、《企业管理类档案保管期限表》的创新与特色

《企业管理类档案保管期限表》参照从事具体有形产品生产经营企业归档范围和保管期限表编制，与现有的企业文件材料归档范围和档案保管期限表相比，除在体例上有较大改革，在内容上也有较大的创新，体现了与时俱进、以人为本的理念与原则。

1. 遵循现代企业制度，依据《公司法》，进一步细化并突出股东大会、董事、监事会等企业治理过程形成文件材料的管理。

2. 对资本经营业务产生的文件材料重新做了梳理，其条目设置按照资本经营工作的内容进行。把资本经营分为融资和资产管理，其中融资包括国家资产划拨、股权融资、债权融资。资产经营包括转让、买卖、抵押、租赁、许可、对外直接投资等。

3. 突出了合同、协议等契约文件材料的归档。

4. 考虑到当前中国企业的发展特点，如突出了审计、风险控制、社会责任等过去较弱但现在较强的职能工作形成文件的归档。

5. 突出企业经营管理变化趋势，突出资本经营、证券业务文件的归档。

6. “产品销售”改为“市场营销”。

7. 增加了“企业管理”、“项目管理”管理类文件，将能力建设、项目建设、条件保障建设等的管理文件统一命名为“项目管理工作文件材料”纳入经营管理中。

8．对信息化工作单列条目。

9．将职工培训文件纳入人力资源管理文件。

10．突出了“外事工作”方面工作文件的管理。

11．在“党务工作”中增加了“三重一大”文件归档的内容。

12．对无批复的请示分为两种保管期限，一是重要的无批复请示为 30 年，一般的无批复请示为 10 年。

13．关于生产过程文件的处理。

生产过程文件在原《国有企业文件材料归档办法》和《企业档案工作规范》中是单独的一个大类，《规定》将产品生产技术管理的管理性文件在生产组织管理中体现。

这些要在生产组织管理条目中体现的文件包括：

（1）产品计划决策阶段形成的文件；

（2）产品生产的调研、考察、分析、预测、报告等文件；

（3）产品生产的建议、计划、方案、专题报告、纪要、协议书、委托书、合同等文件。

14．项目建设、设备仪器管理工作中所形成的管理类文件处理。

《规定》将项目建设、设备仪器管理工作中形成的文件材料纳入管理类文件，在经营管理大项中增加了建设项目管理业务。

第三章　档案鉴定与档案保管期限表

第一节　档案鉴定概述

一、档案鉴定工作与档案保管期限表的产生与发展

档案是人类进入文明社会的产物和象征。早在五千多年前，人类就开始用文字符号在载体上记录自然现象和自身活动状况，这些记录物在当时作为记载事物和传递信息的工具被使用，以后一部分记录物被选留保存下来就成为档案。人类社会发展的过程中源源不断地产生各种内容和不同载体的记录材料，当政者或当事人往往根据自身需要和取舍标准对其进行选留收藏或者丢弃的处置，这种选择和处置体现了人们的鉴定意识，决定着各种记录材料能否成为档案，以及留存之后是否会淘汰，因此可以说，档案鉴定行为与人类社会产生档案的历史一样悠久。

古代的档案鉴定工作还不是一种明确的工作，它蕴含和依附在文书处理及档案管理的过程之中，现代档案室、档案馆出现之后，才对鉴定工作提出了明确要求。

新中国的档案鉴定工作是随着新中国的文件与档案管理工作的进程和档案事业的发展逐步开展的。1956 年 4 月，国务院发布《关于加强国家档案工作的决定》，提出了要迅速拟订“关于归档范围的规定和档案保管期限标准表，建立鉴定和销毁档案的制度”，从此档案鉴定走上了制度化和统一标准之路。

国家档案局于 1956 年、1957 年、1964 年、1983 年、1987 年

五次在档案工作文件和业务规范中附发了文书档案保管期限表，在20 世纪 80 年代后又颁发或转发了科技档案及其他各种门类的文件材料归档范围与档案保管期限表，各中央机关档案管理部门根据国家档案局的规定拟定下发本系统的归档范围与保管期限表，各企事业单位又结合实际情况在本单位的档案工作制度中制定了各种档案的归档范围和保管期限表，这样就逐步形成了全国自上而下的档案价值鉴定标准体系，使档案的存毁有了标准和依据，归档工作也因此有了正常的工作秩序而稳步发展。2006 年，8 号令的发布，更是将文件材料归档范围和档案保管期限表提升到了优化国家档案资源体系的高度。

二、档案鉴定的作用

第一，鉴定在档案形成中起着关键的作用。档案是具有保存价值的文件材料，社会活动中形成的文件是否能保留转化为档案是人们对它鉴定选择的结果，文件进入档案领域要经过鉴定这一关的资格审查，保管期满的档案也会通过鉴定这样的手段决定存毁，鉴定掌握着档案的生存大权，决定着文件的生命期。

人类活动产生的全部文件没有可能也没有必要全部保存，只能选择其中的一部分，分别给予不同保管期限的保存。选留文件和划分保管期限是鉴定工作的职能，通过科学的鉴定才能把有价值的文件转为不同保管期限的档案，使人类活动的知识信息精华得到有效保存。如果没有鉴定工作，所有文件都不能成为档案，因此，鉴定是形成档案的关键。

第二，档案鉴定工作直接决定各种档案的数量与质量，是优化档案、提高档案管理效益的杠杆。

通过鉴定将有价值的文件转化为档案，是国家档案财富积累的基本手段，因此，档案鉴定工作与各种档案的数量和质量有直接关系。工作中，由于鉴定标准不明确、人员水平不高造成馆室藏档案资源结构单一，档案永久、长期保存档案比例过高，低价值文件和失效文件长期得不到清理，都是鉴定工作存在的问题。

鉴定对档案优化的作用不仅表现在对无用文件的清除方面，更体现在对档案结构的调整和有用文件的增补方面，发挥着存精去朽的双向作用。

第三，鉴定是档案管理的起点和终点，并贯穿在档案管理其他业务环节中。

美国档案学家莫斯 1992 年在中国人民大学演讲时说："鉴定是档案工作整个系列决定中第一个关键性决定，是所有决定得以产生的基础，因而是档案工作的首要职能，鉴定的重要性位居第一。"从实际工作中来看，文件能否成为档案先要通过鉴定，档案保管期满之后是续存还是剔除销毁也要通过鉴定，所以说鉴定是档案管理的起点和终点。对收集而言，鉴定工作是收集工作的先导和关卡。在档案整理中，需要按照鉴定标准区分不同价值的文件、划分不同保管期限。档案保管、编研、档案利用等都与鉴定工作有着或大或小的关系。

三、档案鉴定的对照法

档案鉴定根据不同的鉴定目的会采用不同的鉴定方法，这些方法有鉴辨法、对照法、分析-综合法、比较法。在档案的收集归档鉴定和销毁鉴定中，普遍采用的是对照法。对照法就是将需要鉴定的文件材料对照相应的标准、规定、清单等进行鉴别的一种方法。采用对照法必不可少的标准便是归档范围和档案保管期限表。正是因为对照法使用的普遍性，文件材料归档范围和档案保管期限表才成为档案管理规章制度中非常重要的部分，在档案规章制度中起着基础与引领的作用。

第二节　档案保管期限表

一、档案保管期限表的性质和作用

档案保管期限表是以条款或表格形式列举档案的来源、内容和形式，并指明其保管期限的一种指导性文件，它是鉴定档案保存价值和确定档案保管期限的依据和标准。

档案保管期限表的作用如下：

第一，档案保管期限表将构成档案价值的来源、内容和形式等因素以及不同角度的衡量标准熔汇成统一的保存价值标准，用简明的表格或条款表述了档案鉴定中的基本问题：哪些文件可以成为档案？归入档案的文件保存多长时间？从而为档案鉴定工作提供了可以参照操作的依据。它对档案的收集和鉴定直接起规范和制约作用，对档案整理和保管也有指导作用，是对文件和档案进行控制管理的工作手段。

第二，档案保管期限表是人们长期实践经验的总结和概括，表述了人们关于档案价值规律的认识，它用一目了然的条款形式提供档案鉴定的统一标准，防止因个人认识片面性和局限性造成的鉴定偏差，对鉴定质量起保障作用。同时也可以使工作人员有章可循，统一认识，避免因看法不一致，导致争论和犹豫不决，提高工作效率。

第三，档案保管期限表为文件归档和销毁不归档文件提供执法的具体实施依据。《档案法》第十条规定："对国家规定的应当立卷归档的材料，必须依照规定，定期向本单位档案机构或者档案工作人员移交，集中管理，任何个人不得据为己有。国家规定不得归档的材料，禁止擅自归档。"第十五条规定："鉴定档案保存价值的原则、保管期限的标准以及销毁档案的程序和办法，由国家档案行政管理部门制定，禁止擅自销毁档案。"上述法规需要有具体的实施范围，有了明确的文件归档范围，所有工作人员和各部门收发的文件材料凡列入归档范围的就不得据为己有和部门所有，当档案保管期限表以正式规章公布时，挑选归档文件就成了一种执法行为，这样有利于档案的齐全完整。同样，在明确了各种档案的保管期限后，也可防止销毁应当保存的文件，从而维护档案的完整和安全。由于明确了档案与非档案的界线以及档案的保管期限后，剔除不归档文件以及定期进行档案的鉴定销毁工作也是一种具体的执法行为，这就有利于鉴定销毁工作的正常进行，有利于档案的优化和档案管理的效益，有利于档案工作的可持续发展。

第四，档案保管期限表为文件生命运动过程中所有的部门和工作人员提供鉴定的统一衡量标尺，对文件前期管理和初始鉴定、归档鉴定可以起业务指导作用，可以使各部门在选留档案方面协调一致，配合工作。尤其是在电子文件大量产生的时代，有了统一的文件材料归档范围和档案保管期限划分规定有利于计算机的自动识别归档，为电子文件科学管理和归档完整性提供保障。

总之，从企业来说，档案保管期限表是进行各类档案鉴定和文件与档案管理必不可少的依据和标准。从国家来说，正是由于我国从上到下都建立了各种档案保管期限的标准体系，从而保障了档案鉴定工作统一有序地进行，也对国家档案的积累和档案事业发展发挥了重要的作用。

二、企业档案保管期限表的类型

（一）通用档案保管期限表

通用档案保管期限表是由国家档案行政管理部门编制并发布的，供全国通用的档案保管期限表。比如：1956年由中共中央办公厅批准颁布的《党的机关档案材料保管期限的一般标准》；1957年由国务院批准颁发的《国家机关一般档案材料保管期限参考表》；1964 年，国家档案局将上述两个保管期限表修订为党政机关统一使用的《机关文书档案保管期限参考表》（试行草案）；1987 年国家档案局修订发布了《关于机关档案保管期限的规定》并附《文书档案保管期限表》及《机关文件材料归档和不归档的范围》；2006 年国家档案局发布 8 号令《机关文件材料归档范围和档案保管期限规定》；2012 年国家档案局发布的 10 号令《企业文件材料归档范围和档案保管期限规定》是第一次颁布的企业通用档案保管期限表。

以上历次颁发的档案保管期限表具有通用性，在表中列举的各级机关和企业遇到的共有的文件种类，各机构可以依据全国通用的档案保管期限表结合工作实际制定本单位的档案保管期限表，因此通用性保管期限表不仅有普遍性指导和标准作用，还有“母本”作用。

（二）专门档案保管期限表

专门档案保管期限表是由国家档案行政管理部门会同各有关主管部门编制以供各机关、企事业单位鉴定专门档案时通用的档案保管期限表。如 1984 年和 1998 年财政部和国家档案局先后两次联合颁发的《会计档案保管期限表》就属于这种类型。该表供国家财政税务机关和各种机关、团体、企业、事业单位鉴定会计档案时使用。

（三）同系统某类档案保管期限表

它是由主管机关编制或由主管机关与档案行政管理部门联合编制的，供同一系统内各企业进行档案鉴定时使用。

（四）同类型企业档案保管期限表

它是由档案行政管理部门或者主管机关颁布的供同一类企业鉴定档案时用的共性档案保管期限表。

（五）基层企业档案保管期限表

各企业编制供本企业使用的档案保管期限表，它是根据档案行政管理部门或专业主管机关颁布的档案保管期限表结合本单位的档案形成情况而制定的档案鉴定执行标准。企业档案保管期限表格式有条款式和表格式，由于企业一般有多种类型档案，因此通常分门别类编制档案保管期限表。档案较少的企业或档案种类单一的企业，可不分类，编制综合性的档案保管期限一表。

三、档案保管期限表的结构和内容

档案保管期限表通常由说明和条款内容两部分构成。

（一）说明

说明是关于档案保管期限表的编制与使用问题的说明。一般包括下述内容：保管期限表编制的原因、目的和编制依据；保管期限表的适用范围；划分档案保管期限的标准及保管期限种类；保管期限表的批准时间和开始使用日期；需要注意的有关问题。

（二）条款的项目和内容

是档案保管期限表的主体，是具体划分各种文件材料保管期限的规定。项目如下：

1．条款编号

档案保管期限表的条款要分类系统排列，每个条款按次序编号，编号的目的是固定条款的位置，同时也可以作为鉴定工作人员在使用保管期限表进行档案鉴定时引用条款的代号。编号方法使用层垒编号法较宜，如 1.1、2、2.1、…，这样既可以反映条款内容的相互关系，又可以表示顺序。

2．条款内容

概括列出同类型文件材料的名称。如“本企业职工、党员名册”、“本企业财产、物资等交接凭证”，其中“本企业”是指来源，“名册、凭证”是指文件种类，条款简明扼要地表示了一类文件的内容名称。同类文件中保存价值不同要分别列出，具体实施单位尽可能不用“重要的”、“一般的”表述，而是用具有量化或具体含义的关键词列出，如“本企业工作计划”，要用“年度的”和

“季度的”、“月份的”分开，因为它们的价值不同，保管期限也应不同。

3．保管期限

是在每一条款之后，根据该条款文件材料的保存价值和效用指明其保存时间，这个时间是反映这些文件保存价值的标示。

4．备注

即对条款及保管期限进行注释和说明的栏目。但非必须栏目。

由编号——条款内容——保管期限对应组成完整的条款，它们分类排列起来构成档案保管期限表。不同门类的档案，其条款内容和保管期限各不相同，但结构基本相同。

保管期限表形式有条款式和表格式两种，可两种中任选一种，8 号令选用的是条款式，10 号令选用的是表格式。

四、档案保管期限

档案的保管期限是衡量和表示档案价值的一种标识。所有的档案保管期限表都要对列出的文件材料标明其保管期限，提供保存价值标准清单，便于对照使用。各种档案在保管期限划分方面不完全相同，我国关于管理类档案的划分，20 世纪 50 年代至今已变动多次。档案保管期限的划分方法有以下几种。

（一）标时法：即具体标明档案保管期的“时限”（年、月）。

1．直接标时法。如规定档案文件材料的保管时限为 6 个月、1 年、2 年、3 年、5 年，10 年、15 年、20 年、25 年、30 年、40 年、50 年、60 年、永久等，或者标出档案文件保管的起止时间。

2．间接标时法。如保管期限定为“文件失效后 2 年”、“业务办结后 5 年”。

（二）标期法：即标明档案保管的“期限”。

1．“二分法”。将档案保管期限分为永久、定期二种。如我国 20 世纪 50 年代的党、政档案保管期限分为永久和定期两种，又规定了定期保存的期限，可以定为 1 年、3 年、5 年、15 年、20 年、25 年等，但由于具体划分比较难，所以这个时期的定期档案大多没有标明具体的保管期限。

我国档案界所讲的“二分法”的另一种含义是指机关文件划分为“进馆”与“不进馆”。

2．“三分法”。将档案保管期限分为三种期限。1964 年颁布的《机关文书档案保管期限参考表》中，把档案保管期限分为永久、长期、短期三种。1983 年 4 月，国家档案局颁布的《文书档案保管期限表》，明确档案保管期限分为永久、长期和短期三种，其中长期为 16～50 年，短期为 15 年以下（含 15 年）。此后全国各级各系统的文书档案与科技档案及部分专门档案划分保管期限一般是“永久、长期、短期”三种。有些门类的档案保管期限在时间上另有规定，如土地管理档案长期保管时间为 60 年，短期为 30 年。

（三）标期结合标时法：即规定永久保管和非永久保管档案的保管时限（50 年、30 年、15 年、5 年等）。

（四）其他标定法：如国家教委发布的《高等学校档案工作规范》中“仪器设备类档案归档范围和保管期限表”将文件材料保管期限分为“长期”和“与设备共存”两种。

以上关于划分档案保管期限主要有标期法和标时法两大类，这两种方法各有特点，标时法直观，明确，界限清楚，有利于定期开展到期鉴定，但是细分年代在具体划分上缺乏弹性，有些难度。标期法有一定时间幅度，容纳范围大，划分难度小，但是到期鉴定时间会拖延，不利于失效文件的及时处置。

五、档案保管期限的标注形式

（一）标注保管时间。如永久、长期、短期或者 5 年、20 年、…，这样可以从档案保管起始年代推算保管期终止的时间。

（二）标注保管起止年代。如标注“1985—1999 年”，（表示 1985 年开始，保存至 1999 年，保管时间实为 15 年），标注起止年代能比较直观地显示档案开始保管的（或归档）年代和保管期终止的年代，便于统计和管理，利于有计划地安排鉴定工作。

（三）其他标注形式。如“合同失效后二年”，可根据合同期推算文件保管期终合同。

第三节　档案鉴定标准

标准是衡量事物的准则，《规定》编制中从文件材料排序到文件材料的细化，乃至保管期限的确定都遵循了相应的档案鉴定标准。为方便各业务指导部门和各企业全面掌握《规定》中有关标准，并在工作过程中灵活运用，本节对《规定》中运用到的一些标准进行阐述。

一、时间标准

以时间为界限或主要因素来确定文件材料或档案的价值。如总结类文件材料中，“年度工作总结”比“半年工作总结”和“季度工作总结”价值高。如规划类文件材料，“中长期规划”比“短期规划”价值高。

二、来源标准

以档案的形成者或形成领域来确定档案的价值。

（1）以档案形成者的地位、级别、重要性确定档案的价值。

（2）以档案是否本单位产生来确定文件材料价值。

（3）在本单位制成文件中，具体的撰制者、制发机构对文件价值也有影响，领导人、决策机构、综合性办公机构、主要业务职能机构、人事机构、外事机构等制发的文件大多比较直接地反映本企业的基本情况，比较重要，价值高，因而选留的文件材料和保管期限长的文件材料比例高，而一般行政后勤及辅助性机构文件大多保存期较短。

三、内容标准

（一）内容的时效性

运用时效性标准时要掌握二点：一看文件材料内容所针对的事项和领域，检查文件现行效用的覆盖时间；二是看文件材料失去现行效用后是否还有其他效用。

（二）内容的重要性

文件材料所记载的内容的重要性直接影响其价值，在自制文件中反映本单位主要职能活动、中心工作和基本历史面貌的比反映一般工作活动的重要，上级文件中针对本单位的批复重要，需要贯彻执行的方针、政策、规定比较重要，不需办理的来文就不重要。

（三）内容的典型性、代表性和独特性

如记述本企业重大事件、名优产品、代表人物、重大成果和开创意义的新人、新事、新政策、新做法的文件材料要特别予以关注。

（四）证据性

凡是对维护国家、集体和个人权益等方面具有证据价值的文件材料都应当永久保管。

四、形式特征标准

文件材料的形式特征是指文件的种类、文本、形态、记录方式等。从文种来看，每一种文件都有特定的性质和用途，在一定程度上包含了文件的价值。如决定、决议、命令、指示、条例、纪要、报告等往往用于反映方针政策、重大事件和主要业务活动，具有权威性和重要性，价值较高，而通知、函等往往用来处理一般事务，价值较低。不过鉴定时还需结合具体内容。

文件材料在制作过程中还会形成多种稿本，如文件中的正本与副本，草稿、修改稿与定稿，不同稿本在价值方面是有区别的，因此价值会不相同。正本具有标准格式，有单位的印章或负责人的签署，是工作的正式依据，具有法定效力的凭证作用，可靠性高，副本、草稿、修改稿的可靠性差一些。文件的制成材料、记录方式、笔迹、图形等外形特点也影响其价值。

五、职能标准

（1）职能决定文件取舍的范围。

（2）职能决定档案的归宿。

（3）各机构的级别、职能不同，形成文件材料的价值也不同，从级别上来说，中央企业总部机关的文件比基层单位的文件价值大。在同级机构中，重要机构产生的文件材料价值大，非重要机构产生文件材料价值相对较小。

六、合规性标准

有些文件材料尽管无法直接确定其保管期限，但由于其他法律法规规定要求保存并有明确的保管期限，应根据这些法律法规划分文件材料归档后的保管期限。如《商业银行法》就规定了银行业监督管理部门在进行监管时需提供的一定时期的文件材料，这些文件材料必须依照该法归档保存，保存的目的是合乎相关法律法规的要求。类似的还有美国的《萨班斯法》对上市公司财务管理记录提出了保存要求。

七、精全标准

即永久保存的档案一定要精练，不能庞杂；所谓全，就是永久保存的档案要能够反映企业的主要活动的基本历史面貌。

八、共存标准

有一些文件材料的使用对象单一，当使用对象作废或消亡后，档案也就失去保存价值，其生命周期也就可以中止。例如设备的随机文件，当设备报废后这些随机文件也就失去了利用价值。

九、相关性标准

就是要全面地分析文件材料之间的联系，依据文件的“关系链”来进行鉴定决策，凡是密不可分的文件材料应同等选择，有同样的保管期限（如请示与批复，成套性产品图纸等）；互有联系的文件材料可按照相关性程度进行区别对待。

十、相对性标准

相对性标准是通过比较来衡量档案保存价值的一种标准。主要有以下几种情况。

（1）根据文件材料的完整程度来确定其价值。

（2）档案内容的可替代程度。年度总结与统计材料中包括季度总结与统计，后者可以不存，如果没有年度的材料，则季度、月度的小结和报表就有保存价值了。一般来说，各种汇总性和综合性文件材料的信息含金量高，但是没有综合性文件材料的情况下，局部性文件材料的价值就上升了。

（3）文件材料内容的重复性。

即根据是否有重复来确定文件材料的保存价值，对于不必要重复文件材料要降低其保存期限。

十一、社会需求标准

是指行业、地区、社会各方面对档案的需要，既有当前需要，也包括长远利用需要。在制定文件材料归档范围和档案保管期限表中不仅要立足本单位、本企业和当前，更要放眼社会，根据社会发展对档案利用的需求来确定文件材料的价值。

十二、历史标准

历史标准主要反映在以下两个方面。

第一，文件材料与形成年代的历史背景相联系，重要历史时期产生的文件材料往往具有重要价值，有些文件材料因其记载了那些永不复返年代的过程而颇具历史价值。

第二，对于反映历史基本面貌的文件材料，综合性信息的文件，反映重大变革的文件，具有典型性、代表性内容的文件等保存期要长一些。

第四章　企业文件材料归档范围与档案保管期限表编制准备

统一在全国大范围的组织开展企业文件材料归档范围和档案保管期限表的编制工作在企业档案工作的历史上还属首次，体现了档案工作的与时俱进和科学发展。各企业要抓住这次机会，对本企业的文件材料归档范围和档案保管期限做一次全面的审视，对各个门类文件材料的归档范围和档案保管期限进行一次系统地梳理，而不仅仅局限于某一个门类，更不应只对管理类文件材料归档范围和档案保管期限表进行编制修订。

企业在编制文件材料归档范围和档案保管期限表的过程中必须精心组织，多方调研，特别是要广泛听取企业一线职工和工程技术人员的意见。编制过程中要充分结合本企业生产组织方式、产品和服务特点，全面分析和鉴别本企业形成文件材料的现实作用和历史价值，统筹考虑纸质文件材料与其他载体文件材料的管理要求，明确界定文件材料的归档范围和准确划分档案保管期限，切忌照抄照搬。

第一节　前期准备

企业文件材料归档范围和档案保管期限表的编制工作是一项系统性工作，应做好充分的准备工作，包括组织准备、文件学习、情况调研和制订工作计划。

一、组织准备

为做好文件材料归档范围和档案保管期限表的编制，企业有必要成立编制工作领导小组（或委员会），领导小组由分管档案工作的企业负责人任组长，档案部门负责人任副组长，职能部门负责人、业务部门负责人任成员。

文件材料归档范围和档案保管期限表编制领导小组职责是：

（1）批准文件材料归档范围和档案保管期限表编制工作计划；

（2）审定文件材料归档范围和档案保管期限表；

（3）协调编制工作中的重大事项。

设立文件材料归档范围和档案保管期限表编制领导小组办公室，成员由档案部门、职能部门、业务部门人员组成。职责是：

（1）制订文件材料归档范围和档案保管期限表编制工作计划；

（2）具体组织文件材料归档范围和档案保管期限表编制工作；

（3）组织工作中的情况调研；

（4）起草文件材料归档范围和档案保管期限表；

（5）负责文件材料归档范围和档案保管期限表的宣贯。

二、文件学习

《规定》是国家档案局在深入调查和研究的基础上出台的规章，与以往制定的企业档案管理规章相比，在许多方面都有创新，是科学发展观和以人为本的执政理念在档案工作上的体现，《规定》具有深刻的内涵。因此各企业在准备阶段首先要狠抓《规定》的学习。

一是要积极参加国家档案行政管理部门举办的培训班。

为做好《规定》的宣贯工作，国家档案局、各省市以及各级档案局将分期分批举办培训班。各企业要积极参加，每个企业至少有一名档案业务人员接受系统培训。各企业档案部门领导有条件也要接受系统的培训。

二是开展档案部门员工的培训。

企业档案部门是负责档案规章制度制定的责任部门，本企业的文件材料归档范围和档案保管期限表的制定工作主要由档案部门承担，并承担文件材料归档范围和档案保管期限表的制定和执行过程中的业务指导。档案部门人员是否准确地把握《规定》的精神实质与要求，对企业开展档案工作至关重要，并决定着本企业的文件材料归档范围和档案保管期限表的编制质量。因此，各企业必须为档案部门人员提供《规定》培训学习的机会，让档案部门的每一位员工能较好地掌握其精神实质，准确地把握条款要求。培训方法可通过请进来的方式，聘请所在地档案行政管理部门的业务指导干部或业内专业人员进行讲解和培训。也可以让员工走出去，参加外部培训班，再通过骨干的传授讲解，达到培训的目的。

三是对编制人员进行系统的培训。

编制人员具体负责本企业文件材料归档范围和档案保管期限表的编制工作，尤其要对《规定》的文件精神有较好的把握。

四是做好对有关职能部门、业务部门的培训，尤其是职能部门和业务部门兼职档案员。

三、情况调研

企业文件材料归档范围和档案保管期限表是一份规范企业主要活动记录保存的文件，它应以企业活动范围为依据，结合企业的组织结构、产品和业务特点、企业发展时期来制定。这就要求档案部门在制定前和制定过程中要开展大量的调查研究，摸清本企业的活动特点、组织机构设置和其职责，摸清产品和业务组成，梳理出产品和业务从设计研发、生产、销售和售后服务等的流程，并在此基础上梳理出各业务环节产生的文件材料。既不应照抄示范企业的文件，也不应照搬原规定。

四、制订工作计划或方案

文件材料归档范围和档案保管期限表的编制是一项系统性工作，工作周期较长，参与人也较多，期间还要多次召开会议和进行培训，没有一个科学合理的计划安排是很难完成这项工作的。档案部门要制订科学的工作计划，合理地安排文件起草、修改、下发、宣贯等阶段的各项工作；要将每一项工作落实到人，并有明确的时间节点和工作成果形式。制订工作计划时同步制订预算，使文件材料归档范围和档案保管期限表的编制工作有相应的资金作保障。

第二节　职能分析与调研

10 号令在文件材料归档范围和档案保管期限表的编制方面明确提出要全面分析企业文件材料的价值，科学界定归档范围，准确划分保管期限。在以前，企业在编制文件材料归档范围和档案保管期限表的过程中更多的是照抄照搬国家规定，或是照搬照抄示范企业的模板，其结果是许多非通用的文件材料没有纳入归档范围。有的企业制定的文件材料归档范围和档案保管期限表几十年不修改，企业业务发生了翻天覆地的变化，企业产生文件材料的成分也随之发生了变化，但是文件材料归档范围和档案保管期限表一直不变，这样就使依据文件形同虚设。有的企业文件材料归档范围和档案保管期限表以红头文件为重点，非红头文件较少纳入归档范围，如内部的规章制度、总结规划、调研报告、数据汇总等。用这样的指导思想去指导档案的收集和保管期限的划分，其结果是可想而知的。因此，在本轮文件材料归档范围和档案保管期限表的制定中，我们希望各企业在编制时要对企业职能进行一次全面分析，对每一项职能下所产生的文件材料成分进行一次系统的摸底和排查，在摸底的基础上进行一次系统的梳理，争取不漏掉 1 份文件，尽可能的做到齐全完整。

一、职能分析

企业在生产经营活动中，需开展相关的一系列活动，称为企业活动，企业活动一般是按职能来进行划分，并根据一定的原则设置成部门，企业的任何一个部门都承载着一定的职能。每一项职能下都会产生一系列文件材料，因此，职能分析非常重要。

企业是从事经营活动的社会组织，它的活动是围绕着产品或服务的研发、生产、销售和售后服务进行的。在任何一家企业其机构一般分为常设机构和临时机构。常设机构又有职能部门和业务部门，职能部门是履行一定管理职能的部门，如计划、人事、财务等部门，而业务部门是直接负责产品或服务的研发、生产、销售的部门。临时机构包括各种委员会、小组及其下设的办公室。在实行矩阵制的企业常常还设置横向的协调机构，如产品、项目管理部门，这类机构有的属常设机构，有的属临时机构。这些情况在制定文件材料归档范围和档案保管期限表时均要考虑到。

由于企业的经营管理活动基本相同，职能也基本相同，但随着经营管理理念的创新和企业产品、高级管理人员和治理结构的不同，职能也发生着变化，有的职能在强化，有的职能在弱化，有的职能在增加，有的职能在减少。

（一）经营管理职能

其职能主要有规划、计划工作，资产经营管理，财务工作，物资管理，产品、服务或产业发展管理，营销管理、统计工作。近年，规划计划中的建设项目管理工作明显增加，资产经营管理正成为独立的职能，产品、服务、产业发展职能得到强化。得到强化的职能往往设置出独立的机构，要归档的文件材料也相应增多。

（二）生产技术管理职能

即实现产品过程的管理职能，它包括生产调度，质量管理，能源管理，设备仪器管理，安全、环境保护，计量、理化试验管理，科技、标准化管理，信息化管理，图书、情报管理。其变化发展趋势是：科技管理往往与产品研发放在一起；信息化管理工作内容明显增加，职能得到强化，并有把档案工作纳入其中的趋势。

（三）行政管理职能

包括人力资源管理，文秘工作，机要工作，档案工作，保密工作，安全、保卫、防灾减灾工作，民兵、预备役工作，综合治理，信访，法律，国际事务，风险与内部控制管理，审计工作，监察工作，社会责任，编辑出版工作，基本建设管理，机关事务。行政管理职能正在赋予更多的内容，其变化发展特点有：人事管理逐渐由人力资源管理代替，保密、信访、法律、国际事务、风险与内部控制、审计、计会责任等职能明显强化。这些强化的职能往往出现新的文件材料，在编制保管期限表时应注意。

（四）党群工作职能

党群工作职能一般包括党务综合、组织、宣传、纪检、统战、工会、共青团、民间团体管理等职能。党群工作职能中，不少职能常与非党群机构合署办公，如纪检与监察、审计，组织与人力资源，宣传与企业文化等，这类文件材料在处理时要与非党群职能分开列举。

（五）公司治理职能

股东会、董事会、监事会等机构是体现现代企业制度的主要特征，此类机构产生的文件很容易被忽视。一般来说，有股东会、董事会、监事会的企业会设置相应的办公室，文件材料产生由其办公室负责。但股东会、董事会、监事会产生文件材料要与公司股票上市过程产生文件材料相区分。

（六）产业管理或项目管理职能

现代企业为了产业或项目管理，有时设置产业发展或项目管理职能，特别是有子公司、分公司的企业和产业较多的集团型企业，此类部门常产生产业发展规划、指导意见、产业发展项目申请及上级批复等文件材料。

采用职能制部门设置的企业中，还往往设有分公司。分公司一般不具有人事、财务等权利，但分公司具有比较独立的经营权，产生较多的生产技术管理、销售等文件材料。也有独立性较强的分公司除没有外部独立账号外，具有人事管理、财务等职能，此类分公司是作为一个独立的公司还是一个部门来进行文件材料的处理要视具体情况而定。如果其内设机构较多、文件材料也较多，可视为下属单位，不作为内设机构。

（七）事业部制的机构设置

事业部制是企业经常采用的机构设置方法，即在职能机构外设置负责某一产品研发、生产、销售的事业部，事业部有时与分公司相同，其文件材料处置参考分公司文件材料的处置方法。

（八）派出机构的管理

企业在注册地有生产经营活动外，还常常在注册地外设置派出机构，包括国内机构和国外机构。此类机构如果不具有独立法人资格（金融机构除外），其文件材料一般应按企业内部机构的方式进行，纳入本层企业文件材料归档范围。但对驻外机构产生文件材料的管理，除遵守国内有关法规外，可能还需考虑所在国或经济体的有关法律要求。

二、集团型企业总部在不同管控模式下的职能设置特点

集团型企业一般是指具有下属单位的企业，此类企业由于对下属单位的管控方式不同而在职能设置上也有所不同。

（一）财务管控型

是指集团对下属子公司的管理控制主要通过财务手段来实现，集团对下属子公司的具体经营运作管理基本不加干涉，也不会对下属公司的战略发展方向进行限定，集团主要关注财务目标的实现，并根据业务发展状况增持股份或适时退出。

财务管控型集团的企业总部机构突出财务部门职能，一般不设置生产部门、质量部门、安全部门、销售部门。在文件材料的形成上的突出特点是，与资产管理有关的文件材料较多，但产品研发、生产、销售、质量、安全等职能的文件材料不会出现在归档范围中，这方面要特别注意。

（二）战略管控型

是指集团的核心功能为资产管理和战略协调。集团与下属子公司间的关系主要通过战略协调、控制和服务而建立，集团总部很少干预子公司具体日常经营活动。集团根据外部环境和现有的

资源，制定集团整体发展战略，通过控制子公司的核心经营层，使子公司的业务活动服从于集团整体战略活动。一般地，这种情况比较适用于相关产业企业集团的发展。

战略管控型企业的机构设置表现为规划、计划、人力资源部门职能突出，一般不设置生产调度、销售部门。

（三）运营管控型

是指通过母公司的业务管理部门对控股子公司的日常经营运作进行直接管理，特别强调公司经营行为的统一、公司整体协调成长和对行业成功因素的集中控制与管理。大部分房地产开发公司都属于这种情况，比如房地产公司对下属项目子公司的管控就是这种，大型房地产集团的区域中心和下属项目公司之间也属于这种情况。

上述不同的职能设置往往决定着所形成的文件材料。

三、文件材料范围调研摸底

在企业职能分析的基础上，接下来是对文件材料范围进行调研收集，即摸清各项职能、各部门将产生哪些文件材料。在这个过程中要特别关注非红头文件、非常规文件材料的收集。

具体的做法是：

第一步：设计文件材料成分收集表

表格式如下：

文件材料调查收集表

部门：　　　　　　　　填表人：　　　　　　　职务：　　　　　　　联系方式：

序　号	业务流程或职能	文件材料名称	用　途	发放范围	文档格式	载　体	签署过程	传递方式	保管期限建议	内容提要
例 1	人员录用	劳动合同	员工与企业要约	人事部门、员工各一份	文字、表格混排	纸质	员工签字、部门负责人签字、法人签字	手工	永久	对员工的薪酬等事项进行约定

第二步：下发文件材料成分收集表

将《文件材料调查收集表》下发到企业内的每一个部门，为了保证表格填写的质量，最好能对有关人员就表格的填写进行简单培训，如各部门兼职档案员。在各部门填写过程中加强与各部门沟通与协调，加强过程中的业务指导。

第三步：汇总梳理

将各部门填写好《文件材料调查收集表》收集上来，进行系统整理和汇总，主要工作包括去除重复文件，补充有关内容，按部门或流程进行汇总，必要时与有关人员面对面沟通。特别是在新出现的文件材料保管期限的确定上，要与业务部门人员进行深入的沟通，多听取他们的意见。

第五章　企业文件材料归档范围和档案保管期限表编制

第一节　文件起草

一、明确范围与分工

（一）确定范围

文件材料归档范围与档案保管期限表的编制范围是企业的所有文件材料和所有档案，不仅是管理类档案（文书档案）。对企业来说产品生产、科研、建设项目等其他各类文件材料归档范围和档案保管期限表都要重新编制。但具体在编制时可根据实际情况确定，如果某一类文件材料归档范围和档案保管期限表刚编制不久且要求比较符合《规定》，那么可以暂时不纳入本次编制范围。

（二）明确分工

文件材料归档范围和档案保管期限表编制是一项专业性很强的工作，建议在档案部门的主导下，职能部门人员、工程技术人员、业务人员等参加。切忌由档案部门单打独斗，一定要吸收非档案部门人员参与。在确定人员后将起草任务分配到人员。

二、文件结构安排

文件材料归档范围和档案保管期限表可以规定、办法或标准的形式成文件，既可以形成包括本企业所有文件材料归档范围和档案保管期限表的综合文件，也可以以某一类、某几类为主，将未纳入的类别通过参见的方式纳入到文件中。

文件一般包括条款和档案保管期限表两个部分，条款主要是对文件材料归档范围和档案保管期限表的编制、保管期限的设置、实施要求、归档范围界定原则、保管期限划分原则等做出规定。保管期限表一般是一表多用，既明确详细的归档范围，同时也确定档案的保管期限，以附表的形式附在条款的后面。如有多个门类可用多个表。

三、保管期限的设定

《规定》将企业档案保管期限由永久、长期、短期三分法和标时制混用统一为标时制，是《规定》对企业档案保管期限设置的重大改革。保管期限的改革是贯彻 10 号令过程中的一项重要内容，在文件起草阶段必须提前规划好。

标时制在理念上不同于三分法，有利于优化企业档案资源结构，加快剔除无利用价值档案的频率，释放档案库存。《规定》在保管期限设置上既坚持原则性，又体现一定的灵活性。即在保证最低保管期限要求的情况下，企业可自主设置保管期限的年限，而不仅限于 30 年和 10 年。如 30 年的可设置为 35 年、40 年等，10 年的可设置为 15 年、20 年或 25 年，但不得低于 10 年。《规定》还要求保管期限划定过程中要统筹考虑纸质文件材料与其他载体文件材料的管理要求，如电子档案由于其存储密度大、管理成本较低可适当延长其保管期限。

第二节　管理类档案保管期限表的编制

由于不同的企业在产品和服务方面千差万别，国家无法对所有企业所有文件材料的归档范围和所有档案的保管期限表提供范本，更无法列出所有档案的保管期限，《规定》只能对在内容上大致相同的管理类档案提出相对具体的要求。因此下面就管理类文件材料归档范围和管理类档案的保管期限表做更进一步的说明。

一、管理类保管期限表的结构

（一）保管期限表的表头结构

表头严格按照 10 号令提供的附表进行设计，如下表，包括序号、归档范围、保管期限三栏，上报审查的表只限这三栏。审查完后用于本企业下发实施时的表格内容可进行适当的增和删。

序号	归 档 范 围	保管期限

（二）文件材料排列方法与编号

按照机构序列或职能序列来安排文件材料的排序；机构排序列举文件条目最好到二级部门。

最低一层条目尽可能细化到具体文件，如《科研项目立项请示与批复》，请示正文后还会附若干附件，包括编制依据、可行性论证方案、研究计划等，如有可能，尽量将附件内容在归档范围表上列出。

文件材料归档范围和档案保管期限表左侧第一栏是编号。编号必须反映出文件材料的分类层级，采用分层编号法（层垒制），即第一层用“1”，第二层用“1.1”、“1.2”，第三层用“1.1.1”、“1.1.2”、“1.1.3”，第四层用“1.1.3.1”、“1.1.3.2”，编号最好不要超过四级。如超过四级，第五级可用“（一）、（二）、（三）…”。具体可参见本书附录三、附录四、附录五。

二、职能或部门下归档范围的排列

文件材料归档范围与档案保管期限表中的文件材料组织有两种体例，一是按职能或问题组织，二是按部门组织，但不论按哪种体例，都涉及一级标题下各文件材料的排列方法问题。

（一）文件材料两种组织方式的特点对比

组织方式	利	弊	适用性
按部门	（1）制定时可通过分析各部门的业务活动，将许多需归档的非红头文件纳入归档范围。 （2）将文件材料归档范围与部门对应，方便执行，有利于文件材料的收集归档。	（1）可借鉴参考的样表较少，制定时需分析各部门业务，对编制人员要求较高，工作量大，编制周期长；内容表述上会重复。 （2）部门设置变化频繁，档案保管期限表会因部门频繁变动而频繁修订。	适用于部门或职能调整不频繁，有业务能力较强的档案人员承担编制工作的企业。
按职能	（1）可参考的样表较多，编制工作量小，对保管期限表编制人员要求相对较低。 （2）编制好的保管期限表可应对机构频繁变化。	（1）文件材料形成、归档责任不清，不利于保管期限表贯彻实施。 （2）易遗漏非红头文件。	适用于制定指导行业、下属单位文件材料与档案保管期限表时用；适用于机构变化频繁企业或第一次编制保管期限表企业。

（二）按职能体例组织文件材料

在按职能顺序排列文件材料时，每一项职能下的文件材料一般包括如下内容：

- 该职能工作的规章、制度；
- 该职能工作的中长期规划、计划、总结；
- 该职能召开的大型会议（如财务管理职能每年召开的财务工作会议或预算工作会议）；
- 该职能工作中处理具体事务的文件材料，如人力资源管理职能中形成的机构设置的通知，人员奖励与处分通知等；比较难处理的就是该职能工作中处理具体事务的文件材料，要一项一项列出，如人力资源管理就包括机构设置、人员管理（包括录用、转正、聘任、调资、定级等全过程）、考核、职称评定等具体事务。处理具体事务的文件材料内容排列可按业务流程先后顺序、文件材料重要程度、先内后外或先我后他的来源顺序；
- 其他，如该职能统计报表等。

如外事活动职能，其归档范围可排列如下：

序号	归 档 范 围	保管期限
7.3	外事工作	
7.3.1	外事工作规章、制度、工作总结	永久
7.3.2	外事工作规划、计划	30年
7.3.3	国际交往中发表公报，签订的协议、协定、备忘录，重要会谈记录、纪要等	永久
7.3.4	出访考察、参加国际会议、接待来访等外事活动、出访申请、审批文件材料	永久
7.3.5	出访日程、考察报告等	30年
7.3.6	产品出口申请、审批手续	30年

上述条目有的还可以细化，特别是有不同保管期限的，必须再细化下去，如“7.3.5 出访日程、考察报告等”又可细化为：

序号	归 档 范 围	保管期限
7.3.5	出访日程、考察报告等	
7.3.5.1	公司领导参加的重要出访活动形成的	永久
7.3.5.2	公司员工参加的一般出访活动形成的	30 年

做这样的细化处理是因为两类文件材料的保管期限不一样，一般来说 7.3.5.1 可划为永久，7.3.5.2 的保管期限可划为 30 年。

（三）按部门体例组织文件材料

按部门体例组织内容时，部门内文件材料一般包括如下内容：

- 本部门所履行职能工作的规章、制度；
- 本部门所履行职能工作的中长期规划、计划、总结；
- 本部门所履行职能召开的大型会议（如财务管理职能每年召开的财务工作会议或预算工作会议）；
- 本部门所履行职能工作中处理具体事务的文件材料；
- 本部门所履行该职能其他文件材料，如统计报表等。

在起草过程中，可将按部门体例组织的保管期限表按此方法排列部门内文件材料。如国际事务部，其归档范围可排列如下：

序号	归 档 范 围	保管期限
7.3	国际事务部	
7.3.1	外事工作规章、制度、工作总结	永久
7.3.2	外事工作规划、计划	30 年
7.3.3	国事交往中发表公报，签订的协议、协定、备忘录，重要会谈记录、纪要等	永久
7.3.4	出访考察、参加国际会议、接待来访等外事活动、出访申请、审批文件材料	永久
7.3.5	出访日程、考察报告等	30 年
7.3.6	产品出口申请、审批手续	30 年

要特别注意的是，不管按哪种体例组织文件材料，尽可能少用按来源组织文件材料的方法，如有的企业在职能或部门的归档

范围列举为如下样式：

序号	归 档 范 围	保管期限
7.3	外事工作	
7.3.1	外事工作发文	永久
7.3.2	外事工作收文	永久
7.3.3	呈批件	永久
7.3.4	外事简报	30 年
7.3.5	对外合作与交流、国际展览相关文件及批复	永久
7.3.6	公司赴台请示及批复	永久

或是按部门作如下列举：

序号	归 档 范 围	保管期限
7.3	国际合作部	
7.3.1	发文	
7.3.1.1	部门文件、函	永久
7.3.1.2	公司领导出访及邀请外国部长级外宾来访请示与批复	永久
	……	
7.3.1.9	部门呈批件	
7.3.2	收文	
	……	
7.3.3	相关材料	永久
7.3.4	外事简报	30 年
7.3.5	对外合作与交流、国际展览相关文件及批复	永久
7.3.6	公司赴台请示及批复	永久

这两种列举方法，文件材料大量交叉，档案人员或各部门在进行收集归档时无从下手，可实施性不好。

可取的方法是将文件材料与职能关联，再将部门与职能关联，如图 5-1 所示。

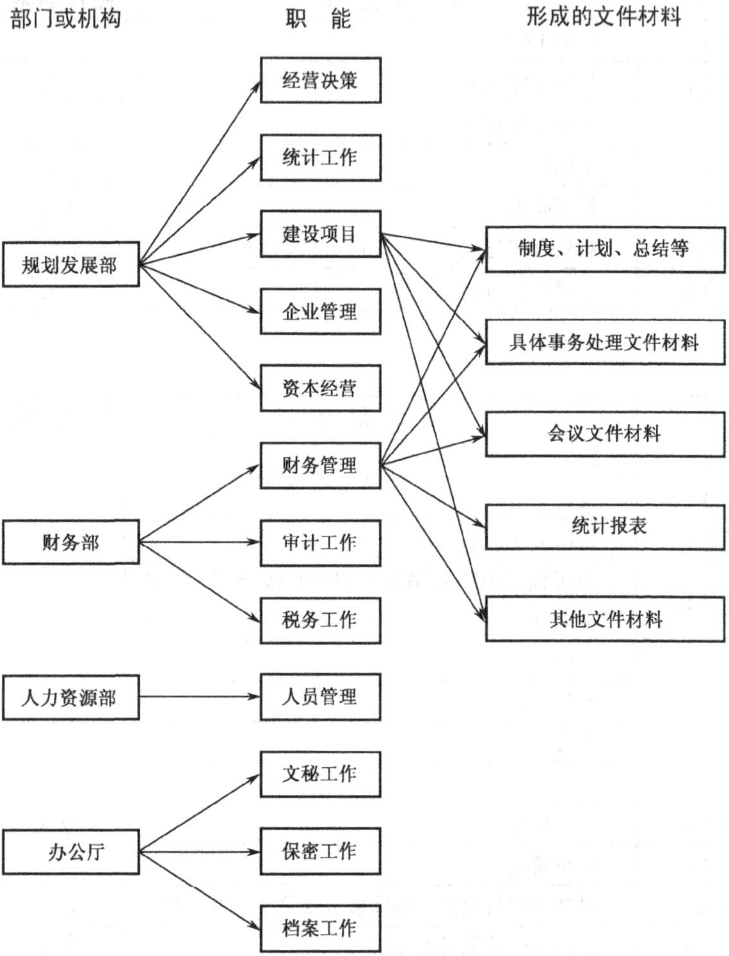
部门或机构
职　能
形成的文件材料
经营决策
统计工作
建设项目
规划发展部
企业管理
资本经营
财务管理
财务部
审计工作
税务工作
人力资源部
人员管理
文秘工作
办公厅
保密工作
档案工作
制度、计划、总结等
具体事务处理文件材料
会议文件材料
统计报表
其他文件材料

图　5-1

由于不同的企业机构设置会有很大的差异，有的企业在职能的分配上可能会如图 5-2 所示。

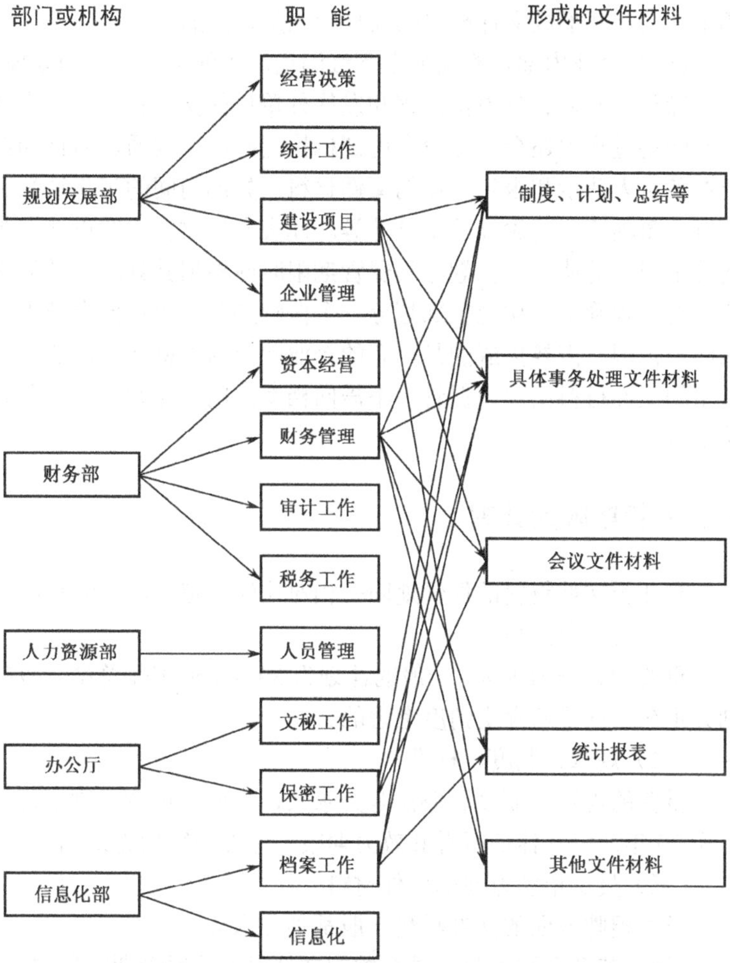

图　5-2

与图 5-1 相比，图 5-2 反映的企业部门职能有所不同，资本经营工作职能放在财务部，档案工作职能设置在信息化部，那么其产生的文件材料也相应的放入所在的部门。但不管职能设置在哪个部门，其形成文件材料的成分应该是相同的。

（四）企业内部机构间或上下级沟通产生的文件材料的处理

除红头文件、外单位发来和发往外单位的文件材料外，企业在其活动过程中还会产生较多内部机构之间用于沟通、协调和向企业负责人请示和报告事项的文件材料，如部门间的工作通知、就有关事项给公司领导的呈批件等。此类文件材料常常以非红头文件出现，易遗漏。在划分其保管期限时应根据其处理事件的重要程度进行确定，切忌全部划分一个保管期限，更不能全部不纳入归档范围。需要提醒的是，有的企业此类内部机构间沟通协调产生的文件材料由部门保管，不需向档案部门移交归档，这种做法不可取。

三、保管期限的处理

有几类文件材料的保管期限是相对比较固定的，它们是：

（一）计划与总结

重要的计划为永久，一般的计划为 30 年，但工作总结一般都划分永久，这是从存史角度考虑的。

（二）规章、制度、标准

重要的规章、制度、办法等为永久，一般的规章、制度可划分为 30 年，但具体还得看其效力期限；标准一般划为定期。

（三）员工招聘方面的文件材料

员工招聘方面的文件材料一般都划分永久。

（四）劳动合同等与人员有关的文件材料的保管期限界定

现在员工合同一般分为固定期和无固定期，这个要根据各地的规定来划分，但凡与人有关的文件材料基本都划分为永久保管。

四、文件材料内容的细化

《规定》就管理类文件材料归档范围和管理类档案保管期限表提供了一个样本，但这个样本仍旧是粗线条的，因此，以下这些地方需要进一步细化。

（1）3.3.5 股票首次发行过程中形成的其他文件材料

要将 3.3.1 至 3.3.4 中未包括的股票首次发行过程中形成重要文件材料进行细化，具体可对照有关工作程序进行补充细化。

（2）3.3.6 股票增发、配股文件材料

按股票增发、配股工作业务过程进行细化补充。

（3）3.3.7 增资扩股文件材料

按照增资扩股工作业务过程或文件材料的成分进行细化。

（4）3.3.8 股权转让文件材料

按照股权转让工作业务过程或文件材料的成分进行细化。

（5）3.3.9 债权融资文件材料

按照债权融资工作业务过程或文件材料的成分进行细化。

（6）3.4 本企业股东、股权登记文件材料

按照股东、股权登记工作业务过程或文件材料的成分进行细化。

（7）3.5 本企业融资工作中形成的其他文件材料

按照企业融资工作业务过程或文件材料的成分进行细化。

（8）4.1.5 本企业境外资产与产权权属文件材料

中央企业有较多境外企业，应对本条目下的文件材料进行细化，可以按文件材料形成先后顺序分阶段列出，也可以按文件材料成分划分为若干子条目列出，并划分相应的保管期限。但资产与权属登记文件一般都划为永久。

（9）6.1（会议）请示、批复、通知、名单、日程、报告、讲话、总结、决议、决定、纪要、媒体宣传报道、录音录像

本条目细化可按照会议的层次或是会议文件材料的性质来细

化，一般来说涉及企业经营、管理等的全局、间隔周期超过一年才召开一次的会议属重要会议，保管期限可划分为永久；每年都召开的公司级重要工作的专题性会议可划分为30年，一般会议划为10年。

（10）8 有关机关和上级主管部门领导、社会知名人士检查、视察、调研本企业工作时形成的文件、工作汇报、录音录像等文件材料

本条目可以按照人员的职务来细分，如可将省部级以上人员的划为永久，司局级以下县级以上为30年，县级以下定为10年。具体划分时还须结合企业规模或层级来确定。如地、市级领导对中央企业总部来说可能是非重要人员，而对地、市级管辖企业可能是重要人员。知名人士还包括文艺界演职人员、社会活动家、学者等。

同一级别领导来企业视察也要根据其活动或内容区分重要程度，如为了解决本企业实际问题的视察为重要活动，形成文件材料应划为永久，如果仅做一般性检查或视察，文件材料可划为30年或10年。

在执行本条款时，既要考虑上级领导级别，又要考虑上级领导视察、检查事由的重要程度，具体情况具体分析，再确定保管期限。

（11）9 本企业向有关机关、上级主管单位的请示、报告与有关机关、上级主管单位批复、批示

企业可根据历年向有关机关、上级主管单位经常请示的事项细化文件材料。如公司治理、资产处置、经营决策、改革改制、人事安排、薪酬待遇等属重要问题，应划分为永久保管。请示和批复事项影响时间，如批复事项对企业未来较长时期产生作用或影响，则划为永久；如在未来不长的时期内产生作用或影响，则划为30年。

无批复的请示按是否重要事项划分保管期限，一般划为10

年，但如是重要事项应划分为 30 年。

（12）10 本企业收到的有关机关、上级主管单位等相关机构制发的文件材料

企业可参考并根据历年收到有关机关、上级主管单位的文件材料进行细化。划分原则如下：

上级有关机关、上级主管单位下发的有关本企业设立、变更等有关的文件材料、任免本企业负责人文件材料、资产处置决定文件材料、授予荣誉文件材料、针对本企业生产经营事项的文件材料应划分为永久。

上级有关机关、上级主管单位下发的与本单位产品、业务有关的而且需要办理的可划分为 30 年。

上级有关机关、上级主管单位普发性文件，本单位只作一般性传阅，不需具体办理的可划分为 10 年。

（13）11.1 本企业非资本经营业务中与银行、保险、证券、基金管理等金融机构业务往来的文件材料

可参考并根据历年收到银行、保险、证券、基金管理等金融机构的文件材料进行细化。

（14）11.2 本企业非资本经营业务中与会计、审计、法律事务所等机构往来文件材料

可参考并根据过去历年收到会计、审计、法律事务所等机构的文件材料进行细化。

（15）11.4.2 本企业签署的长期合同或协议及其补充件

可按合同金额来细化长期合同或协议。如可将 50 万元以上的合同、协议定为重要事项，划分为永久，50 万元以下的合同、协议定为一般事项，划分为 30 年。具体金额应根据本企业实际情况确定。

（16）11.4.3 本企业签署的短期合同或协议及其补充件

可按合同金额来细化短期合同或协议。

（17）11.5 本企业对其他单位或个人的资信调查、客户管理等

文件材料

可按客户性质细化本条目文件材料。

（18）11.6 本企业对外发布的公告、公示等文件材料

可按公告、公示内容涉及的事项进行细化。

（19）12 直属单位、所属和控股企业的请示、报告、函与本企业的批复、复函等文件材料

可按涉及的问题进行细化，如可作如下细化：

直属单位、所属和控股企业的请示、报告、函与本企业的批复、复函等文件材料

- 关于资产处置问题的；
- 关于干部任免问题的；
- 关于生产经营问题的。

（20）13.6.4 物资采购审批手续、招投标文件材料、合同、协议、来往函件，物资保管台账、出入库记录等

可按物资种类进行细化，同一类物资可按金额进一步细化。

（21）13.10 客户信息及资信调查文件材料

可按客户重要程度细化。

（22）15.2.10 企业职工培训工作文件材料

可按职工层级或培训期的长短来细化。

（23）15.5 综合治理工作文件材料

可按业务流程细化。

（24）15.6 信访工作文件材料

可按问题的重要程度细化，如细化成“有领导批示的”和“无领导批示的”，文件材料较多的可按信访问题细化。

（25）16.4.6 党员学习教育等活动形成的文件材料

可按活动规模进行细化。

（26）16.5 企业宣传统战工作报告、会议纪要、调研、计划、总结文件材料，民主党派人员名单登记、活动记录、精神文明建设方面文件材料

可按内容进行细化。

（27）16.6.3 违纪案件立案报告、调查依据、审查结论、处理意见等文件材料

可按案件重要程度进行细化。

（28）16.9 女工工作、劳动竞赛、文体活动、计划生育等方面文件材料

可按文件材料类别进行细化。

（29）16.10 共青团组织发展、劳动竞赛、表彰先进、团费管理、文体活动等文件材料

可按文件材料类别或工作内容进行细化。

（30）16.11.2 民间团体活动过程形成文件材料

可按民间团体种类进行细化。

（31）17.1 企业接待工作计划、方案，重要来宾有关的照片、录音、录像、题词、讲话、批示等

可按来宾规格或级别进行细化。

（32）17.6 企业纪念、庆典活动文件材料

可按纪念、庆典活动的重要程度和规模进行细化。

（33）18 各种非纸质载体、介质及实物形式的文件材料

可按来源、内容进行细化。

要特别注意“重要的”、“一般的”条目保管期限划分，为达到精细化要求，最好不要使用“重要的”、“一般的”表述方式，尽可能采用量化词来表述，如将“重要的”、“一般的”转化为金额标准，如“重要的”是指500万以上，“一般的”是指500万以下。如有可能“一般的”分别有“30年”和“10年”保管期限的，还应再细化。金额只是量化的一种方式，量化方式还有时间标准、行政级别标准、地理范围标准等。

五、文件材料归档范围和档案保管期限表编制中常见问题举例

（一）遗漏重要文件材料

序号	归 档 范 围	保管期限
7.3	**保密办公室**	
7.3.1	集团公司保密委员会、保密委员会办公室印发的文件（函）	永久
7.3.2	集团公司密码工作领导小组、密码工作领导小组办公室印发的文件（函）、会议纪要	永久
7.3.3	集团保密工作会议、保密委员会（扩大）会议、保密专项会议等有关文件	永久

上表中，保密办公室形成文件材料中，明显缺少“保密专项检查记录”、“保密资格认证过程文件材料”，由于上述两方面文件材料有许多是非红头文件，因此不一定包括在 7.3.1 和 7.3.3 中。正确的做法是增加这两方面文件材料。

易遗漏的还包括如下文件材料：

（1）资本经营工作文件材料

（2）客户管理工作文件材料

（3）信息化工作文件材料

（4）人力资源工作中劳动合同、招聘、培训等文件材料

（5）人员处分方面文件材料

（6）保密管理文件材料

（7）风险与内控管理工作文件材料

（8）社会责任工作文件材料

（9）“三重一大”工作文件材料

（10）企业文化建设工作文件材料

由于上述文件材料是近几年我国企业发展中新出现，或是以

往工作容易忽视的部分，特别予以提醒。

（二）文件材料保管期限划分不合理

序号	归 档 范 围	保管期限
7.3	审计部	
	……	
7.3.7	审计报告意见及决定书	30 年
7.3.8	经济责任审计报告	30 年
7.3.9	审计报告工作底稿	30 年
7.3.10	重要请示、呈批件	30 年

上表中审计部形成文件材料中的“审计报告意见及决定书”、“经济责任审计报告”、“重要请示呈批件”，根据 10 号令确定的保管期限划分原则，划分为 30 年明显偏短，应划为永久保管。

（三）条目表述太笼统

序号	归 档 范 围	保管期限
7.3	办公厅	
	……	
7.3.7	赠予集团公司的各种奖牌、证书、礼品、纪念品等	永久
7.3.8	党组发文（函）	永久
7.3.9	中央、国务院发文	永久

上表中，“赠予集团公司的各种奖牌、证书、礼品、纪念品等”、“党组发文（函）”、“中央、国务院发文”明显表述太笼统，其结果是保管期限划分不准确。如“赠予集团公司的各种奖牌、证书、礼品、纪念品等”最好是具体列出，如按层级列出。因为不同层级的奖牌、证书、礼品、纪念品保管期限是不一样的，如县政府赠予中央企业的“奖牌、证书、礼品、纪念品”就不一定要划为永久保管。7.3.9 中也存在同样问题，“中央、国务院发文”有普发性的，也有针对本企业的，普发性的文件不一定列入永久。

（四）条目表述不准确

序号	归 档 范 围	保管期限
7.3	××××处	
7.3.1	企业社会责任报告	
7.3.2	大型展览会、博览会等重大活动中形成的文件材料	
	……	
7.3.6	实体档案	

上表中的“7.3.6 实体档案”属于表述不准确。本意指“实物档案”，表述成“实体档案”易使人理解为与“电子档案”相对应的有形实体档案。因此，在保管期限表的编制中应避免使用不准确的语言，避免使用有歧义的词语。

第三节　业务档案保管期限表的编制

一、产品生产类档案保管期限表的编制

全国尚无统一的规定，但可参照《企业档案工作规范》附表A.5（附录六）制定。

金融企业可参照附录十二提供的样本编制业务文件材料归档范围和档案保管期限表。需说明的是，本附表中的商业银行业务、资产管理业务、财产保险业务是我司在业务指导过程中通过整理形成的，尚不成熟，仅供各企业在编制过程中参照。

二、科研开发类档案保管期限表的编制

参照《科学技术研究档案管理暂行规定》（国档发[1987]6 号，1987 年国家科委、国家档案局联合下发）和《企业档案工作规范》

附表 A.6（附录七）制定。

三、重大建设项目类档案保管期限表的编制

参照《国家重大建设项目文件归档要求与档案整理规范》（DA/T 28—2002）和《企业档案工作规范》附表 A.7（附录八）制定。

四、设备仪器类档案保管期限表的编制

参照《企业档案工作规范》附表 A.8（附录九）制定。

五、会计和干部职工类档案保管期限表的编制

参照《会计档案管理办法》（财会字[1998]32 号，财政部、国家档案局 1998 年 8 月 21 日下发）、《企业职工档案管理工作规定》（劳力字[1992]33 号，劳动部、国家档案局 1992 年 6 月 9 日发布）和《企业档案工作规范》附表 A.9（附录十）、附表 A.10（附录十一）制定。

六、电子文件材料归档范围和档案保管期限表的编制

企业在制定电子文件归档范围和电子档案保管期限表方面尚无现成的参考表，是制定中的一个难点，建议处理方法如下：

（1）有相应纸质载体的电子文件的归档范围和档案保管期限参照纸质文件确定，由于电子档案的存储高密度，在保管期限上可适当延长。

（2）形成时没有相应纸质载体但可输出纸质载体的电子文件，需要根据其价值界定归档范围和划分保管期限，其保管期限可参照同类纸质档案基础上适当放宽和延长，有条件时可输出纸

质文件保管，但电子档案仍旧需要纳入归档范围。

（3）形成时没有相应纸质档案而且也无法输出纸质载体的电子文件和电子档案，应将其纳入归档范围，并全面鉴别其价值，保管期限可适当从长。

（4）要特别注意不能输出纸质载体的如三维电子文件的归档范围和保管期限表的编制。在这个过程中一定要按照一定的规则详细列举出电子文件的具体内容，并划定保管期限。如 ERP 系统（企业资源规划管理系统）中的电子文件归档可作如下表列举和划定：

序号	归 档 范 围	保管期限
7.3	**计划报表**	
7.3.1	年度生产计划报表（DBF 或 XML 格式）	永久
7.3.2	月份生产计划报表（DBF 或 XML 格式）	30 年
7.3.3	周生产计划报表（DBF 或 XML 格式）	10 年
	……	
7.4	物料管理文件	
7.4.1	物料需求表	30 年
7.4.2	入库记录	30 年
7.4.3	出库记录	30 年
	……	

切忌使用“参照纸质”进行表述。

企业 PDM（产品数据管理系统）产生的电子文件的归档范围和档案保管期限表可作如下表列举：

序号	归 档 范 围	保管期限
7.3	**产品设计三维数模**	
7.3.1	整机装配数模	产品寿命加 5 年
7.3.2	全机零件数模	产品寿命加 5 年
7.3.3	导线缚设数模	产品寿命加 5 年
	……	
7.4	**工装设计三维数模**	
7.4.1	工具设计数模	30 年
7.4.2	夹具设计数模	30 年
7.4.3	模具设计数模	30 年
	……	

切忌使用诸如“所有三维数模”进行表述。

第四节　征求意见、签发和报审

一、讨论

企业在编制文件材料归档范围和档案保管期限表时，首先形成的是表的初稿。在形成初稿后应召开会议，召集有关人员进行面对面讨论。参加会议的人员应选择业务骨干或部门负责人，特别是要选择工作经验丰富的员工参与讨论。在讨论中往往会提出许多没考虑到的文件材料，档案部门应及时补充进文件初稿中。

二、征求意见

在以会议形式听取修改意见的基础上，还应将文件以征求意见稿的形式征求企业内各方面的意见。对反馈的意见应逐条梳理，提出处理意见。

三、内部审批

经过讨论与征求意见的文件材料归档范围和档案保管期限表应首先提交企业负责人审批。

四、文件报审

（一）送预审

为提高文件质量，档案行政管理部门在对企业文件材料归档范围与档案保管期限表审查时一般会采用两阶段法，即正式同意前进行预审，预审合格后方由企业以正式文件上报。

1．送预审条件

经过企业内部讨论修改完善，并广泛征求职能部门、业务部门、生产部门等的意见后，格式规范，文稿校对无误。预审上报不要求以正式红头文件形式。

2．上报方式

机要、信函、面呈、传真、电子邮件均可，方式应根据文件的密级情况确定。

3．审查单位预审

在收到企业上报的预审上报稿之后，审查单位将进行系统审查。审查后，如修改较少，审查单位将修改意见连同文稿返回企业修改。如修改意见较多将以电话、约见等方式传递修改意见。

4．修改

企业在收到返回的修改意见后应及时修改。

上述与审查单位意见交互过程有时要经过多轮。

（二）正式上报及修改

1．文件上报

以正式文件（一般以请示）的形式正式报审查单位。

文件审查单位在收到企业的送审稿后会走正式文件阅办程序，这个过程中有可能还会提出修改意见，这些修改意见将以正式复文（批复）返回企业。

2．修改意见落实

企业在收到审查单位正式回复意见后应及时修改，形成可正式下发实施的文件材料归档范围和档案保管期限表。

（三）抄送正式实施稿

经审查单位同意并按所提意见修改后形成的用于本企业下发实施的文件材料归档范围和档案保管期限表为正式实施稿。在正式审查中提出较多修改意见的，内部下发时应抄送审查单位一份。

（四）主送单位与方式

上述上报的主送单位应是相应的档案行政管理部门或上级企业、上级单位。

（五）上报内容

（1）国有企业总部将管理类文件材料归档范围和档案保管期限表上报档案行政管理部门审查时，应附上企业机构设置、主营业务范围等说明材料。具体报送内容应根据档案行政管理部门的实施意见为准。

（2）集团型企业的子、控股公司将所有类型档案的归档范围和保管期限表报上一级企业审查。是否需要附上企业机构设置、主营业务范围等材料由其上级企业决定。

第五节　贯彻与动态管理

一、文件下发

经档案行政管理部门或上级企业档案业务部门审查同意的文件材料归档范围和档案保管期限表，企业应以红头文件的形式下发到各部门或下属单位实施。

二、文件的贯彻

（一）召开宣贯会

一项规章制度的实施是否落实，宣贯非常重要。企业应将下发后的文件材料归档范围和档案保管期限表进行相应的宣贯培训。特别要召集各部门兼职档案员进行培训宣贯，讲解文件的精神实质，传递文字所无法表达的内容。

（二）制定实施细则

为使文件材料归档范围和档案保管期限表贯彻到位，应通过文件材料归档范围的具体细化来提高归档率，因此企业还必须制定相应的实施细则。实施细则最好能以部门为单位，将该部门或职能的归档范围再进一步细化，同时落实每一项文件材料的归档责任人或责任岗位，可细化成如下表所示的表格。

序号	归 档 范 围	保管期限	归档岗位
7.3	**国务事务部**		
7.3.1	外事工作规章、制度、工作总结	永久	公司办公室
7.3.2	外事工作规划、计划	30 年	部门秘书
7.3.3	国事交往中发表公报，签订的协议、协定、备忘录，重要会谈记录、纪要等	永久	部门秘书
7.3.4	出访考察、参加国际会议、接待来访等外事活动、出访审请、审批文件材料	永久	部门秘书
7.3.5	出访日程、考察报告等	30 年	外事业务经理
7.3.6	产品出口申请、审批手续	30 年	进出口业务经理

通过上述细化和落实归档责任岗位，对于提高文件材料的归档率有非常重要的作用。

三、文件实施过程中的修订

企业存续期间，股权结构、经营管理活动常常发生变化，这种变化体现在产品线加深加宽，产业链向上下游延伸，多角化经营等，这些变化往往会在机构的设置中反映出来，如新机构出现，原有机构的合并等等。这些变化最终也都要反映在文件材料的变化上，如新业务文件材料出现，新机构新职能产生新的文件材料。因此，随着企业经营管理活动的变化，文件材料归档范围和档案保管期限表也应随之作出相应的调整。

《规定》第十七条明确要求"企业资本结构或主营业务发生较大变化时，应及时修订和完善文件材料归档范围和档案保管期限表"。

企业应在有如下变化时对文件材料归档范围和档案保管期限表进行修改：

（1）资本结构或生产经营规模发生重大变化时；

（2）主营业务范围发生重大变化时；

（3）距上一次修订文件材料归档范围和档案保管期限表满5年。

修订方法可以是局部的，也可以是文件的重新颁布，但不论以何种方式都应按10号令的规定报审。

四、文件材料归档范围和档案保管期限表的成文形式

文件材料归档范围和档案保管期限表必须以文件形式下发，成为档案规章制度的一部分进行贯彻实施。但一直以来，在企业档案规章制度中，文件材料归档范围与档案保管期限表一般不单独成文件，为此企业可做一些处理。

处理方法一：文件材料归档范围和档案保管期限表不单独成规章制度，管理类档案保管期限表在上级档案主管部门批复同意后同其他各类档案的保管期限表一起作为档案管理办法的附件。

处理方法二：文件材料归档范围和档案保管期限表单独成文，企业其他档案规章制度不再设置文件材料归档范围和档案保管期限表，而是通过参见方式引出。

第六章　业务指导与审查

根据《规定》第十五条、第十六条的规定，国家档案局、各省级以下档案局对区域内企业编制的文件材料归档范围和档案保管期限表具有审查和业务指导的责任，这是为了使企业编制的文件材料归档范围和档案保管期限表更具科学性。

第一节　档案行政管理部门业务指导和审查工作

一、业务指导

（一）深入调查研究，摸清区域内企业档案工作状况

通过调研把握企业文件材料形成规律和特点，掌握企业对档案利用的需求，充分摸清本区域企业档案工作实际，真正把需要归档的文件材料纳入归档范围。

（二）文件转发，制订工作方案

《规定》作为国家档案行政管理部门的规章，许多方面还仅是原则性和指导性的，具体到各省、市、县，还必须根据本区域内企业产品和专业的特点，制订针对本区域内企业文件材料归档范围和档案保管期限表的编制方案，就该项工作提出贯彻实施指导意见。所制订的工作方案要贯彻分类指导的原则，合理安排好工作进度。

（三）举办培训班，对辖区内企业进行培训

《规定》许多方面是创新性的，企业要编制出高质量文件材料归档范围和档案保管期限表有相当大的难度。为此，可通过举办《规定》宣贯培训班，对《规定》的精神、主要特点、文件材料归档范围和档案保管期限表编制的方法与技巧等进行讲授，为企业开展文件材料归档范围和档案保管期限表编制工作奠定基础。

（四）抓示范，制定文件材料归档范围和档案保管期限表范本

过去的经验一再证明，抓示范是档案业务指导工作的有效手段。企业文件材料归档范围和档案保管期限表的编制工作也一样，各级档案行政管理部门在对企业所属行业性质进行分类的基础上，选择若干档案工作基础较好、不同类型的企业先行一步，制定出若干有示范作用的文件材料归档范围和档案保管期限表，作为范本和样板，推荐给有关企业借鉴和参考。

（五）其他业务指导方式

1. 及时解答企业在编制工作中的问题。

2. 定期召开会议，对企业编制文件材料归档范围和档案保管期限表工作进行指导。

3. 发挥骨干企业的作用和专家的作用。

要善于发挥骨干企业和专家的作用。一是发挥骨干企业示范作用，让他们先行一步，编制出文件材料归档范围和档案保管期限表样本。二是在培训、业务指导中可请示范企业现场讲授文件材料归档范围和档案保管期限表编制的做法、经验和体会。三是发挥专家的作用，特别是在审查中，任务重的地区可组成专家小组开展文件材料归档范围和档案保管期限表的审查。

二、审查

（一）成立审查委员会和办公室，明确分工

（1）成立审查委员会，由局领导、业务指导部门负责人、其他相关部门负责人（如馆室业务指导部门负责人）组成，负责指导和监督工作。

（2）成立审查委员会办公室，由业务指导部门人员、其他相关部门人员组成，具体负责文件材料归档范围和档案保管期限表的审查。

（二）对审查人员开展培训

由接受过国家档案局培训的人员对审查人员进行培训，就审查工作流程和注意的问题进行讲解。

（三）拟订审查流程

审查流程如下：

办公室收文→业务指导部门初审，提出具体意见，形成复文草稿→业务指导部门负责人复核→档案局主管领导复查并批准→办公室制发批文。为保证质量，正式审查前可进行预审，即在企业正式报审前进行一次非正式的审查。

（四）确定审查内容

根据 10 号令的规定，企业报档案行政管理部门的内容应为文件材料归档范围和管理类档案保管期限表。但由于各地区情况存在差异，在审查内容上可进行取舍，但管理类文件材料归档范围和管理类档案保管期限表必须列入审查内容。有条件的档案行政管理部门可增加对其他类档案保管期限表进行审查。

（五）设计有关表格

设计用于记录审查过程的表格，如《<文件材料归档范围和档案保管期限表>审查表》，样式可参考下表。

<文件材料归档范围和档案保管期限表>审查表

<table>
<tr><td colspan="2">企业名称</td><td colspan="3"></td></tr>
<tr><td colspan="5">文件整体质量审查意见</td></tr>
<tr><td rowspan="4">文件外观</td><td>文头</td><td></td><td>行文关系</td><td></td></tr>
<tr><td>文件</td><td></td><td>标题</td><td></td></tr>
<tr><td>签署</td><td></td><td>盖章</td><td></td></tr>
<tr><td>日期</td><td></td><td>附件</td><td></td></tr>
<tr><td rowspan="2">内在质量</td><td>术语规范性</td><td colspan="3"></td></tr>
<tr><td>条目表述准确性</td><td colspan="3"></td></tr>
<tr><td colspan="5">条款或条目审查意见</td></tr>
<tr><td>序号</td><td>条款或条目编号</td><td>内容</td><td>存在的问题</td><td>修改建议</td></tr>
<tr><td></td><td></td><td></td><td></td><td></td></tr>
<tr><td></td><td></td><td></td><td></td><td></td></tr>
<tr><td></td><td></td><td></td><td></td><td></td></tr>
</table>

审查人： 年 月 日 复核人： 年 月 日

第二节 集团型企业总部对下属企业的业务指导与审查

一、有下属单位的集团型企业的职责

《规定》对有下属单位的企业在文件材料归档范围和档案保管期限表的编制方面赋予了比较多的职责，主要有：

（一）业务指导职责

这是企业档案工作一贯强调的做法和原则，是谁的资产，其档案工作的业务指导就由谁负责。

业务指导还包括组织编制用于指导本集团下属企业的各类文

件材料归档范围和档案保管期限规定，特别是产品生产和服务业务等的文件材料归档范围和档案保管期限规定。

（二）编制工作组织职责

企业因产品和业务的差别，档案的成分与内容也千差万别，国家在产品生产档案方面无法出台一个适用于所有企业的可参照的文件。因此组织下属单位开展文件材料归档范围和档案保管期限表的编制的职责赋予有关企业集团，这是为了发挥集团型企业在涉及本集团产品和服务业务档案管理方面的专业优势。

（三）审查职责

对下属企业制订的文件材料归档范围和档案保管期限表的审查职责。

二、业务指导的内容与方式

（一）培训

对下属单位开展培训，宣讲《规定》和文件材料归档范围和档案保管期限表编制的一些方法和技巧。

（二）组织编制工作

1．成立编制领导小组和工作小组或编制办公室。

领导小组组长由集团公司分管档案工作的副总经理担任，各部门负责人任成员。主要职责是：

（1）批准文件材料归档范围和档案保管期限表编制工作计划；

（2）协调编制工作中的重大事项；

（3）审定本层级编制的文件材料归档范围和档案保管期限表，审查下属单位上报的文件材料归档范围和档案保管期限表。

工作小组组长或编制办公室主任由档案部门负责人担任，有关部门具体参与或承担编制工作的人员任成员。主要职责是：

（1）制订文件材料归档范围和档案保管期限表编制工作计划；

（2）具体组织文件材料归档范围和档案保管期限表编制工作；

（3）编制本企业指导下属单位通用的文件材料归档范围和档案保管期限表；

（4）负责文件材料归档范围和档案保管期限表的宣贯；

（5）负责下属单位上报的文件材料归档范围和档案保管期限表的初审工作，提出初查结论。

2．制订计划。

有下属单位的企业还应明确下属单位编制文件材料归档范围和档案保管期限表的计划进度。

（三）编制全公司各类通用文件材料归档范围和档案保管期限表

产品生产类和科研开发类等与具体产品和业务有关的文件材料归档范围和档案保管期限表，最好能在集团层面或总部层面出台一份不与具体某个下属企业相关的能够对下属企业起示范和指导作用的示范表。具体的制订方法可以基础较好企业的现有的文件材料归档范围和档案保管期限表为基础，适当修改后形成。

（四）抓示范

在业务指导过程中必须抓示范单位，通过抓几家基础较好的示范单位，提供经验和样本，将起到事半功倍的效果。

三、加强对全公司的调研

集团型企业要对下属单位情况进行调研，通过调研摸清情况，估计出工作量。

四、对下属企业档案保管期限表的审查

在收到各下属企业报送的文件后将及时组织审查，审查合格的以批复的形式回复，有修改意见将以非文件的形式反馈。审查

要点参见第三节内容。

五、对境外企业文件材料归档范围和档案保管期限表编制的业务指导

根据《规定》的要求，各企业如在境外设有分支机构、全资或控股企业，应对这些境外企业的文件材料归档范围和档案保管期限表的编制工作开展业务指导，并督促所属境外企业贯彻实施。但在制定过程中，应遵循所在地有关的法律法规。

境外企业档案工作的业务指导与监督一直是弱项，各企业应抓住 10 号令贯彻实施的机会，从文件材料归档范围和档案保管期限表的制定开始，加强境外企业档案工作的业务指导与监督，为企业在国际化发展过程中维护企业各项权益提供保障。

第三节　审 查 要 点

一、行文方式及文件外观形式审查

企业报送文件材料归档范围与档案保管期限表应根据隶属关系和管辖范围以正式文件并用请示文种向档案行政管理部门上报，审查工作首先要审查企业上报文件的行文方式和外观质量。

1．审查上报企业是否属于本部门管辖。

（1）省、直辖市、自治区档案局审查范围：省属国有企业。

（2）省、直辖市、自治区辖市档案局审查范围：市属国有企业。

（3）县档案局审查范围：县属国有企业。

（4）中央企业总部文件材料归档范围和档案保管期限表报国家档案局审查，中央企业所属的二级、三级及以下企业文件材料归档范围和档案保管期限表审查由各中央企业组织。

审查过程中特别注意是否有越级行文情况。省、直辖市、自治区辖市属国有企业行文至省档案局，县属国有企业行文至省辖市档案局均为越级行文，收到后应退回。

2．审查文种是否规范。重点审查文件是否以请示形式上报，主送单位应为负责审查部门，是否存在多头上报和多个主送单位的情况。

3．审查文头、字号、标题、签署、盖章、日期等是否正确，附件是否齐全。有重大瑕疵的文件应退回企业重新行文。

二、准确性审查

（一）术语规范性审查

企业文件材料归档范围和档案保管期限表中会涉及一些专业术语，审查中必须要对其是否规范和统一进行审查。一是审查术语的规范，对国家规定有确切含义的术语必须使用规范名称；二是审查术语是否统一，指代同一含义的应使用同一术语。

（二）条目表述准确性审查

表述的准确性审查主要是审查文件中有关条款和保管期限表中条目表述的准确性，不存在模棱两可和歧义的定义、概念和词汇。

三、归档范围的审查

归档范围是粗线条地提出划分归档文件材料和不归档文件材料的原则，因此应包括归档文件材料和不归档文件材料。审查时应注意其内容不应有缺项、重复和矛盾。

四、保管期限表审查

保管期限表是审查的重点，应着重审查如下方面：

（一）表结构的审查

即审查表格是否包括编号、归档范围和保管期限等内容。有多层的条目上下位逻辑关系是否清晰、合理。

（二）审查文件归档范围是否全面

审查各小类、子类下文件材料明细是否全面。具体的审查方法是，对照10号令附表中列出的文件材料内容找对应项。高质量的保管期限表应该反映10号令附表中的所有内容，并更加细化。管理类以外的产品、科研、项目建设、设备仪器等类的保管期限表在审查时应对照相关规定进行。

（三）审查文件材料内容的分类是否合理

保管期限表中的文件材料一般以上下位类的形式呈现。由于文件材料成分复杂，类间极易出现交叉现象。为了尽可能不遗漏文件材料，有些交叉是必要的，但类间交叉应尽可能少。

（四）审查归档范围内容的详略程度

《规定》作为部门规章，总体上讲是原则性，但各企业在制定文件材料归档范围和档案保管期限表时必须对一些条目进行细化，特别是保管期限表中标为“重要的”、“一般的”文件材料，必须根据实际工作进行细化，没有细化的应在审查意见中提出修改。

（五）审查文件是否明确不同稿本、电子文件及其元数据等的要求

根据《规定》，归档范围需明确文件不同稿本、电子文件及其元数据等的归档要求，审查中应注意此类特殊材料归档范围的划分。

（六）审查文件材料的保管期限划定是否合理

保管期限的划分是审查的重要内容，在审查过程中必须重点关注。即对照10号令附表，并根据有关原则逐项审核，应划为永久而划为定期的必须要提出修改，对于应划为定期而划为永久的可不提出修改，但明显应该划为10年保存的而划为永久保存也应

该提出修改建议。

还应特别注意没有细化的文件材料的保管期限的划分。有的企业为图省事，在编制保管期限表时文件材料条目划分得不够细，如按来源或文种叙述的条目所包含的文件材料既有划为永久又有划为定期的，或是三种保管期限都有，如不进行细化，实施起来比较困难。

审查过程中凡出现“重要的”、“一般的”表述方式应要求企业修改成能量化或更加具有可操作性的表述。

五、填写审查结论表

审查结论表用于审查人员之间共享有关信息，记录审查过程。审查人员对审查意见负责，填写意见要具体，不含糊其词。忌用“‘××××’需要修改”的表述方法，而采用“‘××××’保管期限改为‘永久’”、“‘××××’按金额进行细化”、“缺××××方面文件材料”等表述方法。

六、对不同类型企业审查要点

不同类型企业的文件材料归档范围和档案保管期限表有很大的差异，10 号令附表列出的文件材料归档范围包含了各种类型企业的文件材料内容，具体到相应的企业应该是有所取舍的。

企业分类有各种标准，在文件材料归档范围和档案保管期限表方面区别较明显的企业有两种分类方式，一种按是否有下属单位来分，另一种是按对下属单位的管控方式分。按企业是否有下属单位分为有下属单位企业（集团型企业）、无下属单位企业（非集团型企业），而集团型企业（注：是否属于集团型企业不一定反映在企业的名称）又可分为战略管控型、财务管控型、经营管控型三种。这里的下属单位不是指内设机构，而是指独立法人地位的企业、事业单位或分支机构。由于不同类型企业的管控方式不同，企业机构设置也不同，文件材料归档范围和档案保管期限表的内容也差别较大，审查时应注意。

（一）集团型企业机构设置及文件材料形成特点与审查要点

集团型企业由于对下属单位的管控方式不同而在机构设置上有所不同，从而在文件材料的形式上也有较大的差别。

1．财务管控型

财务管控型企业总部机构突出财务部门职能，一般不设置生产部门、质量部门、销售部门。在文件材料形成上的突出特点是与资产管理有关的文件材料较多，但产品研发、生产、销售、质量等职能的文件材料一般不会出现在归档范围中。

2．战略管控型

战略管控型企业总部的机构设置表现为规划、计划、人力资源部门职能突出，一般不设置生产调度、销售部门。

3．运营管控型

运营管控型企业总部机构比较全，基本会包括所有职能，形成的文件材料也较多，应对照10号令逐项检查。

（二）无下属单位企业机构设置及文件材料形成特点与审查要点

无下属单位企业一般是承担具体产品的生产和经营工作的企业，此类企业一般实行直线职能制机构设置，其特点是承担产品研发、生产、销售机构数量较多，具体产品生产、销售部门产生文件材料较多。审查时要将重点放在经营管理、生产管理、行政管理等职能上，其归档范围条目一般不设下属单位报送文件材料。

（三）既有下属单位又承担具体产品生产、经营企业的机构设置及文件材料形成特点与审查要点

此类企业不仅有下属单位，而且还承担具体产品的生产和经营，机构设置一般也实行直线职能制，机构数量较多，经营管理、生产管理、行政管理职能、党群工作职能都比较全。此类企业要特别注意其具体产品经营、管理职能文件材料的审查，易忽视产品研发、生产管理等文件材料的列出。

第七章　问题解答

1.《规定》与其他有关企业档案工作规范性文件的关系。

答：《规定》是国务院部门规章，其效力居于办法、标准、规范等规范性文件之上，因此，其他办法、标准、规范与本《规定》相冲突的地方以本《规定》为准。如《企业档案工作规范》属规范性文件，其中涉及有关内容与《规定》相冲突的，以本规定为准。《企业档案工作规范》中的文件材料归档范围和档案保管期限表是参考性附录，不需强制执行。

2.《规定》第二条对文件材料的定义中为什么没有企业设立、变更、解散等反映企业本身变化过程的关键词？

答：因为企业设计、变更、解散等与企业研发、生产、经营等概念不是一个层面的概念，前者是指企业组织的生命周期，后者是指产品或服务的周期过程，不能并列表述。但这并不表明此部分文件材料和档案不包括在定义中，更不表明此部分文件材料和档案不包括在企业归档范围和保管期限表中。

3.《规定》中的"有关机关和上级主管单位"如何界定，哪些是"有关机关"，哪些属"上级主管单位"？

答：上级主管单位是指有隶属关系的单位，如国家民航总局是首都机场集团的上级单位；但是银监会就不是中信银行的上级主管单位，而是有关机关。还有人事部也是中信集团的有关机关，因为都有对某一专业事务的管理职能。

4.《规定》中“中介机构”是指哪些机构？

答：这里的中介机构是指：

（一）有些行业协会；

（二）法律中介机构，如律师事务所；

（三）会计中介机构，如会计师事务所；

（四）证券机构，如证券交易所；

（五）其他中介机构。

5.《规定》第八、九条中的“本企业直属单位，所属、控股、参股境外企业和机构”是指哪些企业和机构，如何界定？

答：（一）直属单位是指拥有管理权的企业和事业单位等。

（二）所属是指拥有绝对控制权的企业，一般指控制股权占50%以上。

（三）控股企业是指本公司拥有最大股权（但不一定超过50%），对企业有绝对或相对控制权。

（四）参股企业对企业不具有控制权，非最大股东。

（五）境外企业和机构包括在境外投资的企业，包括各种形式；机构是指在国外的办事机构，而非企业。

6．如何理解《规定》中的“企业产品和服务”，“产品”与“服务”如何界定？

答：根据GB/T 19000—2000/ISO9000：2000《质量管理体系基础和术语标准》的规定，“产品”是一组过程的结果，这组过程即将输入转化为输出的相互关联或相互作用的活动。产品通常分为下述四种类别：

- 服务（如运输）；
- 软件（如计算机程序）；

- 硬件（如发动机、机械零件）；
- 流程性材料（如润滑油）。

许多产品由不同类别的产品构成，服务、软件、硬件或流程性材料的区分取决于其主导成分。例如：外供产品“汽车”是由硬件（轮胎）、流程性材料（如燃料、冷却液）、软件（如发动机控制软件、驾驶员手册）和服务（如销售人员所做操作说明）所组成。

服务通常是无形的，并且是在“供方”和“顾客”接触面上至少需完成一项活动的结果。服务的提供可涉及如下内容：

- 在顾客提供的有形产品（维修的汽车）上所完成的活动；
- 在顾客提供的无形产品（如为准备税款申报书所需的收益表）上所完成的活动；
- 为顾客创造氛围（在宾馆和饭店）。

软件由信息组成，通常是无形产品并可以方法、论文或程序的形式存在。硬件通常是有形产品，其量具有计数的特性。流程性材料通常是有形产品，其量具有连续的特性。

《规定》特意将服务和产品并列提出，意指服务也是产品的一种，也具有开发、生产、销售等过程，也产生相应的文件材料。最典型的如保险产品，保险公司提供的是一种服务，或称无形产品，它在推出前也需要进行设计、开发，包括设计产品的收益率、定价等，然后由销售人员销售出去。

7．如何理解《规定》第十七条“企业资本结构或主营业务发生较大变化时，应及时修订和完善文件材料归档范围和档案保管期限表”，什么样的变化是较大变化，时间是多长？

答：企业应在有如下变化时对文件材料归档范围和档案保管期限表进行修改：

（1）资本结构或生产经营规模发生重大变化时；

（2）主营业务范围发生重大变化时；

（3）距上一次修订文件材料归档范围和档案保管期限表满5年。

8.《规定》明确了对国有企业文件材料归档范围和档案保管期限表的审查要求，而非国有企业（如民营企业、外资企业）在编制过程中是否需要报审？

答：不强制要求报审，但支持非国有企业编制的文件材料归档范围和档案保管期限表报所在地档案行政管理部门。各级档案行政管理部门应对辖区内非国有企业的文件材料归档范围和档案保管期限表编制工作进行业务指导。

9．企业文件材料归档范围与档案保管期限表可否不经审查同意，只进行备案？

答：审查是档案行政管理部门或企业总部履行业务指导职责的一种方式，也是提高文件质量的一个环节。通过审查机制，一是促使企业及时编制和修订文件材料归档范围和档案保管期限表；二是通过审查对企业编制的文件材料归档范围和档案保管期限表进行业务指导，使之更为完善和科学，防止遗漏重要内容，防止保管期限划定过于宽松；三是有利于国家档案行政管理部门从宏观上把握档案资源的结构，从而达到优化的目的。如仅用备案则无法起到上述作用。

10．如何理解“管理类档案”一词，它是否意味着在企业十大类外又新定义了一个档案大类？

答：《规定》中的“管理类”是指行政管理、生产管理、经营管理、党群工作四类档案的统称，并不是在企业十大类外又定义了一个大类。

“管理类档案”一词最早出现在《企业档案分类与组卷实务》（海洋出版社，1992年1月第一版）一书，在该书有“规模较小企业可将行政管理、生产管理、经营管理、党群工作部分档案合并成一类，为管理类”。2004 年由国家档案局、国务院国有资产监督管理委员会联合发布施行的《国有企业文件材料归档办法》第三章第十条也将第二年上半年归档的文件材料定义为管理性文件，此处的第二年上半年归档的文件材料即为文书类文件材料。由于企业档案与机关档案分类方法不一样，根据文书档案的定义，“文书档案”范围无法包括企业“文书档案”的范围。因此采用“管理类档案”来代替“文书档案”。

11．为什么《规定》中的保管期限表只列出了管理类的，其他各类文件材料的归档范围和档案保管期限表是否可以不编制，如需编制，参照和依据什么？

答：《规定》中的保管期限表只列出了管理类档案是因为涉及企业产品生产的文件材料千差万别，无法用统一的内容来要求，而企业科研、项目建设、设备仪器、会计、人事等类档案的文件材料归档范围和档案保管期限已有相关规范性文件，因此，《规定》只附了管理类档案保管期限表。但这并不意味着企业其他各类文件材料和档案不重要。相反，企业其他各类档案一样重要。因此，在编制文件材料归档范围和档案保管期限表时是指所有的类型，包括产品生产、科研开发、项目建设、设备仪器等，而且科研开发档案和产品生产档案要与管理类档案一样作为修订的重点。

12．为什么管理类文件材料归档范围中包括了建设项目和产品生产、科研开发等内容？

答：建设项目和产品生产、科研开发工作也是需要管理的，其中有一部分档案也属于管理类档案。属于管理类档案同时属于建设项目类和产品生产类、科研开发类的文件材料，尤其是不是与某个项目有关的文件材料必须在管理类档案中体现出来。

13．管理类以外的文件材料归档范围和档案保管期限表如何制定？

答：对于企业来说，除管理类档案外还有科研开发类档案、产品生产类档案、基本建设类档案、设备仪器类档案、会计类档案、干部与职工人事类档案，这些类也应制定相应的文件材料归档范围和档案保管期限表。这几类文件材料归档范围和档案保管期限表，有现成的办法或标准规范的可直接参照编制，如基本建设类、设备仪器类可参照《国家重大建设项目文件归档要求与档案整理规范》（DA/T28—2002）。无现成的办法或标准规范的可借鉴相关企业现有的样本，结合企业实际制定。具体要求参见第五章第三节。

14．企业可否不按照“永久、定期（30 年、10 年）”设定文件材料的保管期限？

答：企业可以自行设定年期，但一般不得低于《规定》中确定的保管期限，而且应采用标时制，有关要求见《规定》第十一条和本指南第三章第三节。

15．企业已按三分法（永久、长期、短期）划分保管期限的档案是否需要重新按照标时制划定保管期限？

答：不需要，但如果进行到期档案的重新鉴定并认为有继续保存价值需继续保存的档案，此时划定的保管期限应按标时制进行。

16．合同会签单是否属于归档范围？

答：根据企业实际，合同会签单往往起着文件签发单的作用，是记录合同订立、审批过程的重要依据，应与合同一并归档。

17．办公自动化形成的文件正本和定稿一样时可否不存定稿？

答：实行办公自动化（OA）的企业有关文件的定稿应按照规定归档，不能因为文件正本和定稿相同而不归档定稿。电子文件定稿往往将修改痕迹隐藏保存，通过一定的技术手段可以显示出来，同样起到纸质载体定稿的作用。

18．有的企业由于规模较小，无《规定》条款和附表中所列的文件材料，是否意味着企业文件工作不规范，是否需要按此内容形成？

答：企业形成文件材料的数量与企业规模相关，规模较小的企业因业务范围较窄或职能简单而不产生有关文件材料的情况是存在的，这并不意味着企业文件工作不规范，也可以不纳入归档范围。企业文件材料归档范围应基于企业经营管理活动、产品、业务流程等制定，而不应超出企业经营管理活动、产品、业务流程之外。

19．事业单位是否可执行《规定》？

答：从组织分类来看，事业单位是不同于机关和企业的一种组织，目前尚未制定针对事业单位的文件材料归档范围和档案保管期限规定，但8号令和10号令都明确了事业单位可参照上述两个文件执行。由于科技事业单位在业务上和企业比较接近，因此《规定》特别要求科技事业单位参照执行。

20．国家其他相关规定与本规定不尽一致时应如何执行？

答：相关法律法规在文件材料归档范围和档案保管期限上与本《规定》不尽一致时采取如下处理方法：

（1）以效力高者为准，即哪一份规章制度效力最高即以哪一份为准。

（2）具体到某专业的文件材料归档范围和档案保管期限要求不尽一致时，以“从宽、从长”为原则，即归档范围以较宽范围的规章为准，保管期限以最长期限要求的规章为准。

附　录

附录A

国家档案局令

第 10 号

《企业文件材料归档范围和档案保管期限规定》已经国家档案局局务会议审议通过，现予公布，自2013年2月1日起施行。

局　长　杨冬权

2012年12月17日

企业文件材料归档范围和档案保管期限规定

第一条　为便于企业正确界定文件材料归档范围，准确划分档案保管期限，促进企业依法经营和规范管理，根据《中华人民共和国档案法》、《中华人民共和国档案法实施办法》，制定本规定。

第二条　本规定所指的企业文件材料是指企业在研发、生产、服务、经营和管理等活动过程中形成的各种门类和载体的记录。

第三条　各级档案行政管理部门依照企业资产关系分别负责对企业文件材料归档范围和档案保管期限表编制工作进行业务指导和监督。

第四条　企业文件材料归档范围是：

（一）反映本企业在研发、生产、服务、经营、管理等各项活动和基本历史面貌的，对本企业各项活动、国家建设、社会发展和历史研究具有利用价值的文件材料；

（二）本企业在各项活动中形成的对维护国家、企业和职工权益具有凭证价值的文件材料；

（三）本企业需要贯彻执行的有关机关和上级单位的文件材料，非隶属关系单位发来的需要执行或查考的文件材料；社会中介机构出具的与本企业有关的文件材料；所属和控股企业报送的重要文件材料；

（四）有关法律法规规定应归档保存的文件材料和其他对本企业各项活动具有查考价值的文件材料。

第五条　企业下列文件材料可不归档：

（一）有关机关和上级主管单位制发的普发性不需本企业办

理的文件材料，任免、奖惩非本企业工作人员的文件材料，供工作参考的抄件等；

（二）本企业文件材料中的重份文件，无查考利用价值的事务性、临时性文件，未经会议讨论、未经领导审阅和签发的文件，一般性文件的历次修改稿、各次校对稿，无特殊保存价值的信封，不需办理的一般性来信、来电记录，企业内部互相抄送的文件材料，本企业负责人兼任外单位职务形成的与本企业无关的文件材料，有关工作参考的文件材料；

（三）非隶属关系单位发来的不需贯彻执行和无参考价值的文件材料；

（四）所属和控股企业报送的供参阅的一般性简报、情况反映，其他社会组织抄送不需本企业办理的文件材料；

（五）其他不需归档的文件材料。

第六条　凡属企业归档范围的文件材料，必须按有关规定向本企业档案部门移交，实行集中统一管理，任何个人不得据为己有或拒绝归档。

第七条　企业档案的保管期限定为永久、定期两种，定期一般分为 30 年、10 年。

第八条　永久保管的企业管理类档案主要包括：

（一）本企业设立、合并、分立、改制、上市、解散、破产或其他变动过程中形成的文件材料，本企业董事会、监事会、股东会的构成、变更、召开会议、履行职责和维护权益的文件材料；

（二）本企业资产和产权登记、评估与证明文件材料，资产和产权转让、买卖、抵押、租赁、许可、变更、保护等凭证性文件材料，对外投资文件材料；本企业资本金核算、确认、划转、变更等文件材料，企业融资文件材料；

（三）本企业关于重要问题向有关机关和上级主管单位的请

示、报告、报表及其复函、批复，有关机关和上级单位制发的需本企业办理的重要文件材料，行业协会、中介机构等对本企业做出的重要决定、出具的审计、公证、裁定等重要文件材料，本企业与其他组织和个人形成的重要合同、协议及补充协议等文件材料；

（四）本企业发展规划、战略决策、重大改革、年度计划和总结文件材料，内部管理制度、规定、办法等文件材料；

（五）本企业机构演变，人力资源管理的重要文件材料；本企业涉及职工权益的其他重要文件材料；企业文化建设文件材料；

（六）本企业经营管理工作的重要文件材料；

（七）本企业生产技术管理工作的重要文件材料；

（八）本企业行政管理工作的重要文件材料；

（九）本企业党群工作的重要文件材料；

（十）新闻媒体对本企业重要活动、重大事件、典型人物的宣传报道；

（十一）有关机关和上级主管单位领导、社会知名人士等重要来宾到本企业检查、视察、调研、参观时的讲话、题词、批示、录音、录像、照片及企业工作汇报等重要文件材料；本企业参与国家和社会重大活动的重要文件材料，本企业职工参加省级以上党、团、工会、人大、政协等代表大会形成的重要文件材料；

（十二）本企业直属单位、所属、控股、参股、境外企业和机构报送的关于重要问题的报告、请示和批复等文件材料。

第九条　定期保管的企业管理类档案主要包括：

（一）本企业资本金管理、资产管理的一般性文件材料，本企业涉及职工权益的一般性文件材料；

（二）本企业部门工作或专项工作规划，半年、季度、月份计划与总结等文件材料；

（三）本企业召开会议、举办活动的一般性文件材料，发布的一般性公告；

（四）本企业经营管理工作的一般性文件材料；

（五）本企业生产技术管理工作的一般性文件材料；

（六）本企业行政管理工作的一般性文件材料；

（七）本企业党群工作的一般性文件材料；

（八）本企业关于一般性问题向有关机关和上级主管单位的请示、报告、报表及有关机关和上级主管单位的复函、批复，有关机关和上级主管单位、行业协会制发的需本企业贯彻执行的一般性文件材料和对本企业出具的一般性证明文件，本企业与其他单位和个人形成的一般性合同、协议文件材料；

（九）直属单位、所属和控股企业一般性问题的请示、报告、来函与本企业的批复、复函等文件材料；

（十）本企业参与国家和社会活动的一般性文件材料，本企业职工参加省以上党、团、工会、人大、政协等代表大会形成的一般性文件材料；本企业接待重要来宾的工作计划、方案等一般性文件材料。

第十条　企业经营管理、生产技术管理、行政管理、党群工作等管理类档案保管期限见附件。

第十一条　本规定的管理类档案保管期限为最低期限，各企业在具体划分时可选择高于本规定的期限。

第十二条　企业产品生产和服务业务、科研开发、基本建设、设备仪器、会计、干部与职工人事等文件材料的归档范围和档案保管期限，按国家有关规定、标准，结合企业实际执行。

第十三条　企业应归档纸质文件材料中，有重要修改意见和批示的修改稿及有发文稿纸或文件处理单的，应与文件正本、定稿一并归档。

企业对于无相应纸质或确实无法输出成纸质的电子文件应纳入归档范围并划分保管期限。

企业对归档的电子文件的元数据要进行相应归档。

第十四条　多个企业联合召开的会议、联合研制的产品、联合建设或研究的项目、联合行文所形成的文件材料，原件由主办企业归档，其他企业将相应的复制件或其他形式的副本归档。

第十五条　企业应依据本规定和国家及专业相关规定，结合本企业生产组织方式、产品和服务特点，编制本企业的各类文件材料归档范围和档案保管期限表。企业应按资产归属关系，指导所属企业根据有关规定规范各类文件材料归档范围和档案保管期限表的编制并审批所属企业的文件材料归档范围和档案保管期限表。

第十六条　中央管理的企业（包括国务院国有资产监督管理委员会监管中央企业、金融企业、中央所属文化企业等）总部的文件材料归档范围和管理类档案保管期限表，报国家档案局同意后执行。

地方国有企业总部编制的文件材料归档范围和管理类档案保管期限表，报同级档案行政管理部门同意后执行。

第十七条　企业资本结构或主营业务发生较大变化时，应及时修订和完善文件材料归档范围和档案保管期限表。

第十八条　企业在编制文件材料归档范围和档案保管期限表时，应全面分析和鉴别本企业形成文件材料的现实作用和历史价值，统筹考虑纸质文件材料与其他载体文件材料的管理要求，准确界定文件材料的归档范围和划分档案保管期限。

第十九条　本规定适用于在中华人民共和国境内注册设立的企业，在境外经营的企业，由企业总部参照本规定提出实施要求；科技事业单位可参照执行。

第二十条　本规定由国家档案局负责解释。

第二十一条　本规定自2013年2月1日起施行。

附件：企业管理类档案保管期限表

附件

企业管理类档案保管期限表

序号	归 档 范 围	保管期限
1	**本企业设立、变更、解散过程文件材料**	
1.1	本企业筹办和设立的申请文件材料、政府相关部门批准设立本企业的相关文件材料	永久
1.2	本企业设立登记相关证照、证照变更登记文件材料	永久
1.3	本企业章程送审稿、批准稿及正式文本	永久
1.4	企业合并、分立、改制、上市、破产、解散或其他变更公司形式等过程中形成的文件材料	永久
2	**本企业董事会、监事会、股东会构成及变更等方面的文件材料**	
2.1	本企业董事会、监事会、股东会构成及变更文件材料，发起人协议	永久
2.2	董事会、监事会、股东代表大会会议形成的文件材料	
2.2.1	会议通知、议程、报告、决议、决定、公报声明、记录、领导人讲话、总结、纪要、讨论通过的文件材料、参加人员名单	永久
2.2.2	讨论未通过的文件材料	10年

续表

序号	归 档 范 围	保管期限
2.3	董事、监事、股东履职和维护权益过程形成的文件材料	
2.3.1	重要的	永久
2.3.2	一般的	30 年
3	**本企业资本登记、资本变动、融资文件材料**	
3.1	国有资产管理部门对本企业国有资本金核算、确认、划转、变更的文件材料	永久
3.2	其他非国有组织或机构资本对本企业投资、投入核算登记、确认文件材料	永久
3.3	本企业证券和股票发行、增资扩股、股权变更等文件材料	
3.3.1	上市辅导和准备阶段形成的文件材料	
3.3.1.1	评估报告、审计报告、承销商出具的核查意见，股票发行上市辅导汇总报告、发行人律师意见书，律师工作报告、股东大会决议、董事会通过的资金运用方案决议、固定资产投资项目建议书、招股说明书及发行公告（含财务报告、赢利预测报告）	永久
3.3.1.2	与中介机构签订的上市辅导协议、尽职调查材料	30 年
3.3.2	发行申请书、证监会核准文件材料、审核过程中提出的审核反馈意见	永久
3.3.3	股票发行申请报告及证券交易所的批复、发行方案、股票发行定价分析报告、路演推介文件材料	永久
3.3.4	上市推荐书、上市公告书、确定股票挂牌简称的函	永久
3.3.5	股票首次发行过程中形成的其他文件材料	
3.3.5.1	重要事项	永久

续表

序号	归 档 范 围	保管期限
3.3.5.2	一般事项	30年
3.3.6	股票增发、配股文件材料	永久
3.3.7	增资扩股文件材料	永久
3.3.8	股权转让文件材料	永久
3.3.9	债权融资文件材料	永久
3.4	本企业股东、股权登记文件材料	永久
3.5	本企业融资工作中形成的其他文件材料	
3.5.1	重要事项	永久
3.5.2	一般事项	30年
4	**本企业资产管理文件材料**	
4.1	资产权属证明文件材料	
4.1.1	本企业土地、房屋、基础设施等不动产产权登记文件材料，重要的技术装备、设备等固定资产登记文件材料，自然资源的所有权、使用权、收益权等申请、批准、登记的文件材料	永久
4.1.2	本企业拥有的商标权、专利权、著作权、计算机软件、商业秘密、技术诀窍等知识产权创造、申请、审批、登记、运用、保护和管理中产生的文件材料	永久
4.1.3	本企业特许经营权证文件材料，本企业资质认证、商誉评估、信用评级等文件材料	永久
4.1.4	本企业其他固定资产和无形资产权属文件材料	永久
4.1.5	本企业境外资产与产权权属文件材料	
4.1.5.1	重要的	永久
4.1.5.2	一般的	30年

续表

序号	归 档 范 围	保管期限
4.2	本企业资产与产权转让、买卖、抵押、租赁、许可、变更、清算、评估、处置、注销等资产变动文件材料，因产权变动所致职工身份变化的材料	永久
4.3	本企业其他债权、债务登记文件材料	
4.3.1	重要的	永久
4.3.2	一般的	30年
4.4	境内、外投资文件材料	
4.4.1	投资企业董事会、股东会文件材料、投资企业的财务报告、红利分配文件材料，股权证、转让协议等股权管理文件材料	永久
4.4.2	本企业在并购、参股、股权受让、基金业务及债权型投资等投资业务中形成的其他文件材料	
4.4.2.1	重要的	永久
4.4.2.2	一般的	30年
5	**本企业总经理办公会、党政联席会会议文件材料**	
5.1	通知、议程、报告、决议、决定、公报声明、记录、领导人讲话、总结、纪要、讨论通过的文件材料，参加人员名单	永久
5.2	讨论未通过的文件材料	10年
6	**本企业召开的工作会议、专题会议的文件材料**	
6.1	请示、批复、通知、名单、日程、报告、讲话、总结、决议、决定、纪要、媒体宣传报道、录音录像	
6.1.1	重要的	永久
6.1.2	一般的	30年
6.2	代表发言、经验交流文件材料、简报	10年

续表

序号	归档范围	保管期限
7	**本企业承办的大型展览会、博览会、论坛、学术会议、国际性会议的文件材料**	
7.1	请示、批复、申办和筹办组委会组建文件材料、主要活动安排、议程、名单、主报告（原文及译文）、辅助报告（原文及译文），领导人贺词、题词、讲话，会徽设计、简报、新闻报道	永久
7.2	代表发言、经验交流	30 年
7.3	委员会、分会会议和学术会议的讨论记录，会议代表登记表、接待安排	30 年
8	**有关机关和上级主管部门领导、社会知名人士检查、视察、调研本企业工作时形成的文件、工作汇报、录音录像等文件材料**	
8.1	重要的	永久
8.2	一般的	30 年
9	**本企业向有关机关、上级主管单位的请示、报告与有关机关、上级主管单位批复、批示**	
9.1	重要事项	永久
9.2	一般事项、无批复重要事项	30 年
9.3	无批复的一般事项	10 年
10	**本企业收到的有关机关、上级主管单位等相关机构制发的文件材料**	
10.1	涉及本企业经营管理重要事项和其他重要事项的文件材料	永久
10.2	与本企业经营管理等工作有关的一般性文件材料	10 年
11	**本企业与金融机构、中介机构及其他组织和个人来往文件材料**	
11.1	本企业非资本经营业务中与银行、保险、证券、基金管理等金融机构业务往来的文件材料	

续表

序号	归 档 范 围	保管期限
11.1.1	重要事项	永久
11.1.2	一般事项	30 年
11.2	本企业非资本经营业务中与会计、审计、法律事务所等机构往来文件材料	
11.2.1	重要事项	永久
11.2.2	一般事项	30 年
11.3	本企业与所属境外企业和机构业务往来文件材料	永久
11.4	本企业与其他单位或个人发生业务关系形成的文件材料	
11.4.1	本企业签署的战略合作协议、重要谈判的合同协议	永久
11.4.2	本企业签署的长期合同或协议及其补充件	
11.4.2.1	重要的	永久
11.4.2.2	一般的	30 年
11.4.3	本企业签署的短期合同或协议及其补充件	
11.4.3.1	重要的	30 年
11.4.3.2	一般的	10 年
11.5	本企业对其他单位或个人的资信调查、客户管理等文件材料	
11.5.1	重要的	30 年
11.5.2	一般的	10 年
11.6	本企业对外发布的公告、公示等文件材料	
11.6.1	重要事项	永久
11.6.2	一般事项	30 年

续表

序号	归 档 范 围	保管期限
12	**直属单位、所属和控股企业的请示、报告、函与本企业的批复、复函等文件材料**	
12.1	重大问题	永久
12.2	一般性问题	30年
13	**本企业经营决策、建设项目（含境外项目）管理、企业管理、资本经营、财务、物资管理、产品与服务业务管理、市场开发与营销、产品与服务销售管理、售后服务管理、客户信息、信誉、统计等管理工作文件材料**	
13.1	经营计划、决策文件材料	
13.1.1	本企业中长期规划、纲要，重要的经营决策文件材料	永久
13.1.2	本企业年度计划、任务目标、总结、统计文件材料	永久
13.1.3	本企业半年、季度、月份等计划、总结、统计文件材料	10年
13.1.4	本企业、所属和控股企业的经营目标责任书、业绩考核评价文件材料	30年
13.2	建设项目工作文件材料	
13.2.1	建设项目工作规划、计划、总结等文件材料	永久
13.2.2	建设项目工作制度、办法、规定等文件材料	永久
13.2.3	项目前期立项、规划、论证、设计、招投标、协议、合同、申请、审批等文件材料	永久
13.2.4	项目检查、竣工验收、重要的专项报告、审批意见	永久
13.3	企业管理文件材料	
13.3.1	企业管理规划、计划、总结、实施方案、制度、规定、办法等	永久

续表

序号	归档范围	保管期限
13.3.2	企业管理方案实施、检查验收文件材料	30年
13.4	资本经营工作文件材料	
13.4.1	资本经营工作规划、计划、总结、条例、制度、办法、规定、决定等	永久
13.4.2	资本经营工作通知、纪要、记录、调研报告	30年
13.5	财务工作文件材料	
13.5.1	财务管理制度、规定、办法、总结	永久
13.5.2	财务管理工作计划、报告、通知	30年
13.5.3	固定资产新增、报废、调拨文件材料	30年
13.5.4	生产财务和成本核算文件材料	永久
13.5.5	资金管理、价格管理、会计管理文件材料	永久
13.5.6	本企业税务登记、交纳、减免、返还等工作文件材料	永久
13.5.7	本企业经营盈亏情况报告、报表	
13.5.7.1	重要的	永久
13.5.7.2	一般的	30年
13.5.8	本企业财务预、决算报告	永久
13.6	物资管理文件材料	
13.6.1	物资管理工作制度、规定、办法	永久
13.6.2	物资台账、统计报表	30年
13.6.3	物资分配计划、记录	10年
13.6.4	物资采购审批手续、招投标文件材料、合同、协议、来往函件，物资保管台账、出入库记录等	
13.6.4.1	重要物资的	30年
13.6.4.2	一般物资的	10年
13.7	产品与服务管理文件材料	
13.7.1	产品与服务发展规划、计划、总结等	永久

续表

序号	归档范围	保管期限
13.7.2	产品与服务管理制度、办法、规定等	永久
13.7.3	调查研究文件材料	
13.7.3.1	产品与服务市场调查、技术调查、考察、预测报告、调研综合报告	10年
13.7.3.2	产品与服务的技术、经济可行性研究报告，市场需求分析报告、收益预测分析报告	30年
13.7.4	产品与服务决策文件材料	
13.7.4.1	产品与服务发展建议书、技术建议书、协议书、委托书、合同等	永久
13.7.4.2	专题分析报告、专题会议纪要	30年
13.7.4.3	研制或开发计划、方案及方案论证报告	30年
13.7.5	阶段评审文件材料	30年
13.8	市场开发与营销	
13.8.1	市场营销工作总结、制度，营销组织、市场网络建设、境外市场拓展、品牌建设等文件材料	永久
13.8.2	市场营销工作规划、计划等	30年
13.8.3	产品销售计划文件材料，产品订货会、市场分析和用户调查文件材料	30年
13.8.4	产品市场推广、营销宣传等文件材料	30年
13.8.5	业务开办、产品上市或终止的申请、报备、批复等文件材料	永久
13.9	销售管理文件材料	
13.9.1	销售管理制度、规定、办法，销售合同、协议、函件	永久
13.9.2	售后服务文件材料	30年
13.10	客户信息及资信调查文件材料	
13.10.1	重要客户的	永久

续表

序号	归 档 范 围	保管期限
13.10.2	一般客户的	30 年
13.11	企业认证、达标等活动的呈报、审批文件材料，企业获得的资质、信誉证书方面的文件材料	永久
13.12	企业形象宣传文件材料	永久
13.13	统计工作文件材料	
13.13.1	统计工作制度、规定、办法,综合性统计报表	永久
13.13.2	生产、技术、经济统计报表及分析文件材料，工业普查报表	永久
13.13.3	一般性统计分析文件材料	30 年
14	**本企业生产组织、质量管理、能源管理、设备管理、安全、环保、计量管理、科技管理、信息化管理、标准、图书情报等管理工作文件材料**	
14.1	生产组织工作文件材料	
14.1.1	生产组织工作制度、办法、总结等	永久
14.1.2	生产组织工作规划、计划、报告	30 年
14.1.3	生产作业计划编制、执行及调度工作文件材料	10 年
14.1.4	生产调度会议记录	30 年
14.1.5	生产活动分析文件材料	10 年
14.2	质量管理工作文件材料	
14.2.1	质量工作条例、制度、规定、总结，质量体系建设、运行及管理文件材料，产品创优获奖证书	永久
14.2.2	质量工作规划、计划、措施	30 年
14.2.3	产品质量检测、化验、试验文件材料	30 年
14.2.4	全面质量管理工作形成的文件材料	30 年
14.2.5	质量异议处理、事故分析及处理文件材料、质量认证、检查、评比文件材料	永久
14.2.6	产品召回、理赔等文件材料	永久

续表

序号	归 档 范 围	保管期限
14.3	能源管理工作文件材料	
14.3.1	能源管理工作规定、总结	永久
14.3.2	能源管理计划、统计报表，能源消耗定额管理文件材料	30 年
14.3.3	节能工作文件材料	30 年
14.4	设备仪器管理工作文件材料	
14.4.1	设备仪器管理工作制度、规定、办法、总结等	永久
14.4.2	设备仪器管理工作规划、计划等	30 年
14.5	安全生产工作文件材料	
14.5.1	安全技术管理制度、办法、总结，自然灾害、生产安全事故抢救、调查、处理文件材料	永久
14.5.2	安全技术管理规划、计划、通报、会议记录、安全体系建设文件材料等	30 年
14.5.3	安全、消防教育、应急演练活动文件材料	10 年
14.6	环境保护工作文件材料	
14.6.1	环境保护工作制度、总结，环保调查、监测、分析文件材料	永久
14.6.2	环境保护工作规划、计划	30 年
14.6.3	环境影响评价书、环保污染防治措施、总结、报告，污染事故抢救、调查、处理文件材料	永久
14.7	计量管理工作文件材料	
14.7.1	计量工作制度、规定、办法、总结等	永久
14.7.2	计量工作规划、计划等	30 年
14.7.3	计量设备、仪器、器具定期检查记录	10 年
14.8	科技管理工作	
14.8.1	科技管理工作制度、总结，新产品开发、科技攻关项目、科技成果管理、技术引进文件材料	永久

续表

序号	归 档 范 围	保管期限
14.8.2	科技发展规划、计划、办法等	30年
14.8.3	技术革新与合理化建议文件材料	10年
14.8.4	学术交流活动文件材料	10年
14.9	信息化管理工作文件材料	
14.9.1	企业信息化管理制度、总结等文件材料	永久
14.9.2	信息化发展规划、计划、办法等	30年
14.9.3	企业信息化总体设计方案，信息系统设计、开发、实施过程评审文件材料	30年
14.9.4	信息系统运行维护、数据管理、安全保密等的方案、记录、报告	30年
14.10	标准管理工作文件材料	
14.10.1	标准工作制度、规定、办法、总结，企业基础标准、技术规范、管理标准、工作标准、生产技术规范编写、评审、发布文件材料	永久
14.10.2	标准工作规划、计划等	30年
14.11	图书、情报工作文件材料	
14.11.1	图书、情报工作制度、规定、办法、总结	永久
14.11.2	图书、情报工作规划、计划等	30年
15	**本企业组织机构设置、人力资源、文秘、机要、档案、保密、保卫、综合治理、信访、法律、外事、风险管理、内控与审计、社会责任、基本建设管理等管理工作文件材料**	
15.1	本企业组织机构设置、撤并、名称变更、岗位职责设计、人员编制、印信启用和作废等文件材料	永久
15.2	人力资源管理工作文件材料	

续表

序号	归档范围	保管期限
15.2.1	人力资源规划、工作计划、制度、办法、决定、报告等	永久
15.2.2	企业人员录用、转正、聘任、调资、定级、停薪留职、辞职、离退休、死亡、抚恤、安置等文件材料	永久
15.2.3	干部和职工的任免、升降、奖惩、考核、职称评聘等方面文件材料	永久
15.2.4	老干部、离退休人员管理有关文件材料	永久
15.2.5	企业人员薪酬、待遇等劳动人事管理文件材料	永久
15.2.6	企业签订的劳动合同	永久
15.2.7	企业先进单位、劳动模范、先进工作者的文件材料	
15.2.7.1	本企业及省部级（含）以上表彰、奖励的	永久
15.2.7.2	其他表彰、奖励的	30年
15.2.8	对本企业有关人员的处分文件材料	
15.2.8.1	受到警告（不含）以上处分的	永久
15.2.8.2	受到警告处分的	30年
15.2.9	本企业人员参加社会保障、医疗保险、商业保险、住房公积金、劳动保护、职业安全、医疗卫生、计划生育等文件材料	永久
15.2.10	企业职工培训工作文件材料	
15.2.10.1	重要的	30年
15.2.10.2	一般的	10年
15.2.11	职工调动工作的行政、工资关系的介绍信及存根	永久
15.2.12	职工名册	永久
15.3	文秘、机要、档案、保密工作文件材料	

续表

序号	归 档 范 围	保管期限
15.3.1	文秘、机要、档案、保密工作制度、规定、办法、总结等文件材料	永久
15.3.2	文秘、机要、档案、保密工作规划、计划文件材料	30 年
15.3.3	档案开发、编研成果，档案移交清单、销毁清册	永久
15.3.4	保密资格认证方案、申请、审查、批准文件材料	30 年
15.3.5	保密工作检查方案、通知、结论、通报等文件材料	30 年
15.4	安全保卫工作	
15.4.1	安全保卫、民兵、预备役工作规划、计划、总结、报告、报表等	30 年
15.4.2	保卫部门的安全检查、调查方案、记录、通报	30 年
15.4.3	自然灾害防范、交通管理文件材料	30 年
15.5	综合治理工作文件材料	
15.5.1	重要事项	永久
15.5.2	一般事项	30 年
15.6	信访工作文件材料	
15.6.1	重要事项	永久
15.6.2	一般事项	30 年
15.7	法律工作文件材料	
15.7.1	五年普法规划、年度计划、规章、制度、办法等	30 年
15.7.2	法院判决书、调解书等诉讼和仲裁等文件材料	永久
15.7.3	一般法律事务工作文件材料	30 年
15.7.4	案件、纠纷、行政处罚、复议文件材料及公证事务中结论性材料	永久
15.7.5	案件、纠纷、行政处罚、复议文件材料及公证事务中调查、协调过程形成的文件材料	30 年
15.8	外事工作文件材料	

续表

序号	归档范围	保管期限
15.8.1	国际交往中发表的公报，签订的协议、协定、备忘录，重要的会谈记录、纪要等	永久
15.8.2	出访考察、参加国际会议、接待来访等外事活动、出访审批文件材料	永久
15.8.3	产品进出口审批和办理手续、执行日程、考察报告等一般性文件材料	30年
15.9	风险管理、内控、审计工作文件材料	
15.9.1	风险管理、内控、审计工作制度、总结，审计意见、审计报告、专项审计通知、报告、批复、结论、调查与证明等文件材料	永久
15.9.2	风险管理、内控与审计工作方案、计划、报告、纪要等	30年
15.9.3	内部控制管理手册、风险识别、评估、控制等过程形成的文件材料，重大风险评估报告，风险管理体系建设文件材料	30年
15.10	社会责任工作文件材料	
15.10.1	本企业社会责任报告	永久
15.10.2	参与和投入社会公益、慈善、捐赠事业的记录文件材料	永久
15.10.3	赈灾、扶贫、献血、拥军优属等文件材料	永久
15.11	本企业的史、志、年鉴、大事记、组织沿革等编研成果，本企业编辑出版的书、报、刊等出版物	永久
15.12	本企业编制的简报、工作信息	30年
15.13	本企业编制的通报、情况反映、参考资料等	10年
15.14	基本建设管理文件材料	
15.14.1	基本建设工作管理制度、规定、办法、总结	永久

续表

序号	归 档 范 围	保管期限
15.14.2	基本建设工作规划、计划，专项工作通知等文件材料	30年
16	**本企业党、团、工会等党群工作文件材料**	
16.1	企业党员代表大会、职工代表大会、共青团代表大会	
16.1.1	请示、批复、批示、通知、名单、议程、报告、领导人讲话、选举结果、会议记录、讨论通过的文件、决议、纪要、公告等文件材料	永久
16.1.2	大会发言、交流、会议简报	10年
16.1.3	重要的贺信、贺电，筹备工作、选举工作中形成的文件材料，小组会议记录、会务工作安排、总结等文件材料	10年
16.1.4	讨论未通过的文件材料	10年
16.2	党委会、党委常委会、工会委员会、工会会员代表大会、共青团常委（扩大）会，党群机关办公会会议文件材料	
16.2.1	通知、议程、报告、决议、决定、公报声明、记录、领导人讲话、总结、纪要、讨论通过的文件、参加人员名单	永久
16.2.2	讨论未通过的文件材料	10年
16.3	党务综合性工作	
16.3.1	各项条例、规章制度、办法，工作计划、总结，“三重一大”等重要专项活动工作通知、报告，重要调研文件材料、党务工作大事记等	永久
16.3.2	情况反映、工作简报及一般文件材料	30年
16.4	组织工作	
16.4.1	党员干部考察、考核、任免、政审决定等	永久

续表

序号	归档范围	保管期限
16.4.2	入党、转正、退党、转入、转出等决定及党员名册，党团组织关系的介绍信及存根	永久
16.4.3	党委（党组）组织工作规章制度	永久
16.4.4	党群机构设置、调整、人员编制等方面决定及通知	永久
16.4.5	党费收支文件材料	30年
16.4.6	党员学习教育等活动形成的文件材料	
16.4.6.1	重要的	永久
16.4.6.2	一般的	10年
16.4.7	党员统计年报	永久
16.5	企业宣传统战工作报告、会议纪要、调研、计划、总结文件材料、民主党派人员名单登记、活动记录、精神文明建设方面文件材料	
16.5.1	重要的	永久
16.5.2	一般的	30年
16.6	纪检与监察工作	
16.6.1	纪检与监察工作的规定、决定、通报、通知、会议记录、纪要、计划、总结	永久
16.6.2	党风廉政反腐工作文件材料	30年
16.6.3	违纪案件立案报告、调查依据、审查结论、处理意见等文件材料	
16.6.3.1	重大案件	永久
16.6.3.2	一般案件	30年
16.7	工会、女工、共青团工作规划、年度计划、总结、规章制度、决定、通知、会议记录	永久
16.8	职工民主管理、表彰先进、劳保福利、职工维权、工会会费与财务管理文件材料、工会统计年报、工会会员名册	永久

续表

序号	归 档 范 围	保管期限
16.9	女工工作、劳动竞赛、文体活动、计划生育等方面文件材料	
16.9.1	重要的	永久
16.9.2	一般的	10 年
16.10	共青团组织发展、劳动竞赛、表彰先进、团费管理、文体活动等文件材料	
16.10.1	重要的	永久
16.10.2	一般的	10 年
16.11	民间团体工作，民政协调工作中形成的文件材料	
16.11.1	民间团体设立、变更、撤销等的请示、批复、章程等文件材料	永久
16.11.2	民间团体活动过程形成的文件材料	
16.11.2.1	重要事项	30 年
16.11.2.2	一般事项	10 年
17	**本企业其他事务管理文件材料**	
17.1	企业接待工作计划、方案，重要来宾有关的照片、录音、录像、题词、讲话、批示等	
17.1.1	重要的	永久
17.1.2	一般的	30 年
17.2	企业住房房产分配、出售、出租工作文件材料	永久
17.3	企业职工承租、购置企业房产的合同、协议和有关手续	永久
17.4	新闻媒体对本企业重要活动、重大事件、典型人物的宣传报道	永久
17.5	企业文化建设文件材料	
17.5.1	企业文化建设方案	永久
17.5.2	企业文化建设其他文件材料	

续表

序号	归档范围	保管期限
17.5.2.1	重要的	永久
17.5.2.2	一般的	30年
17.6	企业纪念、庆典活动文件材料	
17.6.1	重要的	永久
17.6.2	一般的	30年
18	**各种非纸质载体、介质及实物形式的文件材料**	
18.1	无法输出纸质的或无纸质的二维、三维、数据库类电子文件	
18.1.1	重要的	永久
18.1.2	一般的	30年
18.2	各种有保存价值的实物	
18.2.1	重要的	永久
18.2.2	一般的	30年
18.3	其他各种非纸质载体、介质文件材料	
18.3.1	重要的	永久
18.3.2	一般的	30年

附 录 B

档函〔2013〕70 号

国家档案局关于贯彻实施《企业文件材料归档范围和档案保管期限规定》的通知

各省、自治区、直辖市档案局，各计划单列市档案局，新疆生产建设兵团档案局，中央管理企业的档案部门：

《企业文件材料归档范围和档案保管期限规定》（国家档案局令第 10 号，以下简称《规定》）已于 2013 年 2 月 1 日起实施。为做好《规定》的学习、宣传、贯彻和实施工作，现将有关事项通知如下。

一、深刻理解贯彻实施《规定》的重要意义

当前，我国社会主义市场经济体制建设进入新的历史发展时期，企业档案在规范企业管理、辅助生产经营、维护企业权益、完善法制经济、解决企业纠纷以及追踪产品质量等方面的作用日益增强。为适应市场经济体制完善、法规一致性要求，国家档案局制定《规定》，以进一步规范国有、民营及外商投资等各类企业的文件材料归档范围和档案保管期限，使企业档案成为企业内部控制、健全各项管理、依法规范经营的坚实基础，成为满足国家和公众对企业依法经营进行监督管理的重要依据，成为有效服务企业各项活动、承载企业发展历程的真实记录。

《规定》是一部新的形势下企业档案业务建设的重要规章，是改革开放以来我国企业档案工作实践的新成果，是企业科学界定文件材料归档范围，准确划定档案保管期限的行动指南。《规定》的贯彻实施，对企业科学编制文件材料归档范围和档案保管期限表，推动企业和国家档案资源建设具有重要意义。

二、认真学习把握《规定》基本内容与要求

《规定》是在我国档案工作实践的基础上，借鉴我国有关企业档案工作的规章和规范性文件以及国外档案工作经验，对企业文件材料归档范围和档案保管期限进行规范。《规定》与以往有关企业文件材料归档范围和档案保管期限表的文件相比，在形式和内容上都有较大的变化。一是改革企业档案保管期限划分方法，将原有的“永久”、“长期”、“短期”保管期限划分方法修改为“永久”、“定期”，“定期”中再实行标时制，一般分为30年、10年。二是根据当前我国企业的发展趋势与特点，充实了一批文件材料并突出了某些档案管理；进一步细化并突出股东大会、董事会、监事会等企业治理过程形成文件的管理；对资本经营管理文件重新分类，其条目设置按照资本经营工作的内容；突出了合同、协议等契约文件材料的管理；突出了审计、风险控制、社会责任等职能工作形成文件的管理；对信息化工作进行单列条目；将职工培训文件纳入人力资源管理文件；在“党务工作”中增加了“三重一大”文件归档的内容。三是对一些档案的保管期限作适当调整。四是加大监督力度。建立国有企业文件材料归档范围和档案保管期限表的审查制度，以保证文件材料归档范围和档案保管期限表编制质量。

各级档案行政管理部门以及各级各类企业要认真组织《规定》的学习与宣传，将《规定》的内容与精神传递到基层企业，指导和帮助企业正确理解文件内容，掌握精神实质。为配合《规定》的学习，国家档案局正在组织编写《〈企业文件材料归档范围和档案保管期限规定〉实施指南》，近期将正式出版，作为学习《规定》

的辅导性材料。

三、规范企业文件材料归档范围和档案保管期限表的编制工作

企业文件材料归档范围和档案保管期限表是企业档案工作的基础，要在档案行政管理部门和上级企业监督指导下进行。在编制中要注意以下问题：

（一）明确实施范围。在中华人民共和国境内的各类企业（包括国有、非国有）都应按照《规定》的要求编制本企业的文件材料归档范围和档案保管期限表。企业所属的科技事业单位应参照《规定》做好文件材料归档范围和档案保管期限表的编制。

（二）制定编制工作方案。编制方案要充分结合本企业档案分类方案，突出本企业规模、生产组织方式、产品和服务特色，并与《企业档案工作规范》的贯彻相结合。任务较重的企业应成立由分管领导牵头，档案部门、职能部门、业务部门人员组成的文件材料归档范围和档案保管期限表编制小组。编制工作人员应作深入的调查研究，通过调查研究掌握本企业档案工作实际，真正把需要归档的文件材料纳入归档范围并准确划定保管期限。

（三）确定编制范围。各企业不仅要编制经营管理、行政管理、生产管理、党群工作等管理类文件材料归档范围和档案保管期限表，同时也要重新编制科研、产品与服务等文件材料归档范围和档案保管期限表。

（四）掌握编制方法。各企业可在系统分析业务流程、职能及其产生的文件材料的基础上，管理类档案按机构或职能编制、产品和业务档案按产品大类编制，最后汇总成本企业的总表。编制过程中要广泛听取企业一线职工和工程技术人员的意见，确保编制效果和质量。

对各类归档文件材料保管期限确定时，要坚持以人为本、与时俱进、科学发展的原则，将与人有关的档案的保管期限适当延长；要全面掌握各业务环节中产生的所有文件材料的内容与构成，

特别注意业务创新和业务流程变化而产生的文件材料编入归档范围；要提高文件材料归档范围和档案保管期限表的可操作性，尽可能对归档范围进行细化；要全面分析和鉴别本企业形成文件材料的现实作用和历史价值，兼顾国家其他有关法律、法规对档案保管期限的要求，统筹考虑纸质文件材料与其他载体文件材料的管理要求，准确界定文件材料的归档范围和确定档案保管期限。

（五）遵守审查程序。国有企业（总部）的文件材料归档范围和档案保管期限表，经企业主要负责人审定后按《规定》的要求连同机构职责说明材料一并报档案行政管理部门审查同意后方可执行，未经同级档案行政管理部门审查同意前，仍沿用原有的规定。国有企业所属（包括全资、控股）企业和科技事业单位编制的文件材料归档范围和档案保管期限表连同机构职责说明材料一并报上级企业审查同意后执行。对审查单位提出的修改意见要及时落实、修改到位，对审查同意的应尽快在本企业实施。

非国有企业编制文件材料归档范围和档案保管期限表不作为本次审查的重点。

四、切实做好业务指导和审查工作

（一）加强业务指导。各级档案行政管理部门、有下属单位的企业应深入调查研究，摸清本地区、本集团企业档案工作实际和档案进馆、利用的需求，把握企业文件材料形成规律和特点，制定切实可行的业务指导方案。要通过树典型、抓示范、召开现场会、开展培训等多种方式帮助和引导企业制定高质量的企业文件材料归档范围和档案保管期限表。

（二）做好审查工作。各级档案行政管理部门、有下属单位的企业要及时制定审查工作计划，分期分批审查，并于每年底将审查情况报上一级档案行政管理部门。

（三）加强对审查工作的领导。国家档案局负责中央管理的企业文件材料归档范围和档案保管期限表的审查工作。各地档案行政管理部门负责同级地方国有企业和所属企业文件材料归档范围和档案保管期限表的审查工作。在审查过程中应确定明晰的审查内容，规范审查程序，从严把关，切忌走过场或放任不审。

各省、自治区、直辖市、计划单列市档案局和中央管理的企业应按照《规定》要求，结合本地区、本企业实际制定开展企业文件材料归档范围和档案保管期限表编制工作方案，力争 3 年内完成编制与审查工作。

全面学习、宣传、贯彻实施《规定》是当前和今后一段时期企业档案工作的一项重要任务和近两年企业档案管理水平提升的主要抓手。各级档案行政管理部门、各企业档案部门要高度重视，精心组织，稳步推进，不断将学习、宣传、贯彻实施《规定》的工作引向深入，进一步推动企业档案基础业务建设，全面提高企业档案工作水平。

国家档案局

2013 年 4 月 22 日

附 录 C

中国兵器工业集团公司总部管理类文件材料归档范围和档案保管期限表（按部门）（草案）

序号	归 档 范 围	保管期限
1	办公厅	
1.1	集团公司党组会、办公会、专题会会议文件材料	
1.1.1	通知、议程、报告、决议、决定、记录、领导人讲话、总结、纪要、讨论通过的文件材料，参加人员名单	永久
1.1.2	讨论未通过的文件材料	10 年
1.2	集团公司召开的工作会议、党组扩大会议及其他重要会议的文件材料	
1.2.1	请示、报告、批复、通知、名单、日程、讲话、决定、总结、决议、纪要、媒体宣传报道、录音录像等	永久
1.2.2	典型材料、代表发言、交流材料、简报等	30 年
1.2.3	小组会议记录、参考材料等	10 年
1.3	党和国家领导人及上级主管部门领导对集团公司的批示、指示、讲话、题词、贺词、录音录像等资料	永久
1.4	集团公司向党中央、国务院、中央军委及国家各有关部门呈报的请示、报告与上级、有关部门的批复、批示	
1.4.1	涉及集团公司经营管理重要事项和其他重要事项的	永久

续表

序号	归 档 范 围	保管期限
1.4.2	涉及集团公司一般事项、无批复重要事项的	30年
1.4.3	无批复的一般事项的	10年
1.5	集团公司收到的中共中央、国务院等上级机关和有关单位颁发的文件材料	
1.5.1	涉及集团公司经营管理重要事项和其他重要事项的文件材料	永久
1.5.2	针对集团公司主管业务工作并要贯彻执行的法规性文件材料	30年
1.5.3	涉及集团公司业务工作并要贯彻执行的文件材料	30年
1.5.4	与集团公司经营管理等工作有关的一般性文件材料	10年
1.6	本企业承办的大型展览会、博览会、论坛、学术会议、国际性会议的文件材料	
1.6.1	请示、批复、申办和筹办组委会组建文件材料、主要活动安排、议程、名单、主报告（原文及译文）、辅助报告（原文及译文），领导人贺词、题词、讲话，会徽设计、简报、新闻报道	永久
1.6.2	代表发言、经验交流	30年
1.6.3	委员会、分会会议和学术会议的讨论记录，会议代表登记表、接待安排	30年
1.7	有关机关和上级主管部门领导、社会知名人士检查、视察、调研本企业工作时形成的文件、工作汇报、录音录像等文件材料	
1.7.1	副省部级（含）以上领导干部的，副部级以下、处级以上（含）但为解决本企业具体问题做专题检查、视察、调研的	永久

续表

序号	归 档 范 围	保管期限
1.7.2	副部级以下、处级以上（含）领导干部一般检查、视察、调研的，社会知名人士的	30年
1.7.3	处级以下的	10年
1.8	集团公司文秘、机要、档案、保密工作文件材料	
1.8.1	文秘、机要、印章、档案、保密工作制度、规定、办法、总结等文件材料	永久
1.8.2	文秘、机要、档案、保密工作规划、计划文件材料	30年
1.8.3	档案开发、编研成果，档案移交清单、销毁清册	永久
1.8.4	集团公司总部、子集团、直管单位保密资格认证方案、申请、审查、批准文件材料	30年
1.8.5	保密工作检查方案、通知、结论、通报等文件材料	30年
1.8.6	失涉密事件调查、处理文件材料	
1.8.6.1	涉及机密级及以上的	30年
1.8.6.2	涉及秘密级及以下的	10年
1.8.7	集团公司普通密码管理和保密工作中形成的文件材料	10年
1.8.8	印模、作废印章	永久
1.9	安全保卫、应急管理工作	
1.9.1	安全保卫、应急管理工作制度、规定、办法、总结等文件材料	永久
1.9.2	安全保卫、应急管理工作规划、计划、报告、报表等	30年
1.9.3	安全检查、调查方案、记录、通报	30年

续表

序号	归 档 范 围	保管期限
1.9.4	制定的安全防范措施和突发事件应急预案，处理突发事件的文件材料	30 年
1.9.5	突发事件应急预案的报备以及应急管理总结评估报告、季度报表	10 年
1.9.6	交通安全工作中形成的文件材料	10 年
1.10	信访工作文件材料	
1.10.1	信访工作制度、规定、办法、总结等文件材料	永久
1.10.2	信访工作计划	30 年
1.10.3	有集团公司级（含）以上的领导批示及处理结果的人民来信和重要值班、电话记录、突发事件的报告等	永久
1.10.4	其他有处理结果的人民来信	30 年
1.11	外事工作文件材料	
1.11.1	外事和港澳台工作制度、规定、管理办法、总结等	永久
1.11.2	集团公司、子集团、直管单位重大外事活动，审批集团公司、子集团、直管单位在国（境）内外举办国际会议工作等文件材料	永久
1.11.3	集团公司总部及子集团、直管单位因公出国（境）任务审批和管理及审（报）批集团公司机构、个人参加国际组织工作等文件材料	永久
1.11.4	集团公司外事工作计划，外事经费和外事专项资金管理等文件材料	30 年
1.11.5	集团公司因公出国（境）人员护照、签证和出境证明及护照管理工作的文件材料	30 年
1.11.6	集团公司领导参加的非集团公司承办的各种涉外会议文件	10 年

续表

序号	归档范围	保管期限
1.12	集团公司总部及指导在京直属单位绿化、爱国卫生、义务献血等社会事务性工作中形成的文件材料	10年
1.13	集团公司的史、志、年鉴、大事记、组织沿革等编研成果和编辑出版物	永久
1.14	公共关系、新闻宣传工作文件材料	
1.14.1	公共关系、新闻宣传工作制度、规定、办法等文件材料	30年
1.14.2	公共关系、新闻宣传工作计划、总结	30年
1.14.3	集团公司有关公共关系、新闻宣传工作的指示、通知	30年
1.14.4	子集团、直管单位有关公共关系、新闻宣传工作的请示与集团公司的批复	10年
1.14.5	公司门户网站、总部计算机网络、办公自动化系统管理文件材料	
1.14.5.1	公司门户网站、总部计算机网络、办公自动化系统设计、实施文件材料	30年
1.14.5.2	公司门户网站、总部计算机网络、办公自动化系统运行维护过程文件材料	10年
1.14.6	集团公司编制的简报、期刊、重要文件汇编管理等文件材料	30年
1.15	集团公司总部办公用房、办公附属用房的购置、建造、调配、维修与装修管理文件材料	
1.15.1	购置、建造、调配等权属获取、变更文件材料	永久
1.15.2	维修装修管理、使用等文件材料	30年
1.16	职工住房管理文件材料	

续表

序号	归档范围	保管期限
1.16.1	住房管理制度、办法，制度改革方案等文件材料	永久
1.16.2	住房购置、建造、调配等权属获取、变更文件材料	永久
1.16.3	维修装修管理、使用等文件材料	30 年
1.17	人防工作，医疗卫生、计划生育及其他后勤服务文件材料	
1.17.1	人防设施建设、维修、使用管理制度、办法等	30 年
1.17.2	人防设施建设、维修、使用形成的报告、记录等文件材料	10 年
1.17.3	职工医疗卫生、计划生育工作制度、办法、总结等	30 年
1.17.4	职工医疗卫生、计划生育工作形成的计划、报告、记录等文件材料	10 年
1.17.5	其他后勤服务文件材料	10 年
1.18	企业接待工作计划、方案，重要来宾有关的照片、录音、录像、题词、讲话、批示等	
1.18.1	重要的	永久
1.18.2	一般的	30 年
1.19	企业纪念、庆典活动文件材料	
1.19.1	重大的	永久
1.19.2	一般的	30 年
1.20	本企业职工参选、出席人大、政协文件材料	
1.20.1	区以上人大、政协代表参选文件	永久
1.20.2	区以上人大、政协代表参加会议文件	30 年
1.21	办公厅负责承办、督办重要事项形成文件材料	
1.21.1	办公厅负责承办、督办重要事项中形成的通知、签报、报告、总结等文件和批示	永久

续表

序号	归 档 范 围	保管期限
1.21.2	办公厅负责承办、督办一般事项中形成的通知、签报、报告、总结等文件材料	10 年
2	**政策研究室**	
2.1	政策研究工作规章、制度、办法、计划、总结等文件材料	30 年
2.2	集团公司年度工作会议主报告	永久
2.3	负责起草的集团公司领导在其他重要会议上的讲话和指示	永久
2.4	集团公司制度建设年度计划，实施效果评价的文件材料	10 年
2.5	政策研究工作文件材料	
2.5.1	研究报告、调研报告	30 年
2.5.2	调研选题、研究、咨询过程文件材料	10 年
2.6	集团管理创新文件材料	
2.6.1	管理创新实施方案	30 年
2.6.2	下发子集团、直管单位有关管理创新工作的通知、指示、决定等	30 年
2.6.3	子集团、直管单位管理创新验收、评优过程文件材料	30 年
3	**战略发展部**	
3.1	规划管理文件、规划体系建设文件材料	永久
3.2	集团公司总体规划和战略文件材料	
3.2.1	发展战略、中长期发展规划及滚动计划	
3.2.1.1	集团公司发展战略、中长期发展规划、专项规划及滚动计划	永久
3.2.1.2	子集团、直管单位上报的中长期发展规划、滚动计划、核心使命与发展方向及集团公司的批复等文件材料	30 年

续表

序号	归 档 范 围	保管期限
3.2.2	子集团、直属单位名录管理文件材料	永久
3.2.3	集团公司年度发展评估报告	30 年
3.2.4	对集团公司（含子集团、直管单位）中长期发展规划及滚动计划执行情况进行监督、检查、考核等方面的文件材料	10 年
3.3	集团公司产业发展管理文件材料	
3.3.1	机械产业、××××产业、光电信息产业、流通与战略资源产业、海外产业等产业的发展规划	永久
3.3.2	机械产业、××××产业、光电信息产业、流通与战略资源产业、海外产业等产业的产业结构、产品结构、能力结构、组织结构、布局结构调整与优化及科研、生产定点方案建议方面的文件材料	永久
3.3.3	审（报）批机械产业、××××产业、光电信息产业、流通与战略资源产业、海外产业等产业上市公司募集资金的投向规划和国内外合资合作、并购等文件材料	永久
3.3.4	审（报）批机械产业、××××产业、光电信息产业、流通与战略资源产业、海外产业等产业退出项目等文件材料	永久
3.4	集团公司投资管理文件材料	
3.4.1	投资管理制度（境内外投资管理体系建设）、办法、规定、总结等文件材料	永久
3.4.2	集团公司年度投资预算	
3.4.2.1	子集团、直管单位上报的年度投资预算和预算外投资及集团公司的批复文件材料	30 年
3.4.2.2	集团制定的并购（系指全部以现金作为出资的事项）方案	永久
3.4.3	集团海外发展及合资合作文件材料	

续表

序号	归 档 范 围	保管期限
3.4.3.1	涉及权益的	永久
3.4.3.2	涉及办理过程的	30 年
3.5	集团公司能力建设管理文件材料	
3.5.1	集团公司产品能力建设规划、制度，集团下发的有关能力建设工作的决定等文件材料	永久
3.5.2	能力建设资源争取与配置工作文件材料	
3.5.2.1	上报上级单位的文件材料	永久
3.5.2.2	集团内下发的文件材料	30 年
3.5.3	子集团、直管单位产品能力建设规划和集团公司对其执行情况进行监督、检查等文件材料	30 年
3.5.4	集团公司能力建设年度计划	30 年
3.5.5	集团公司动员办公室形成的文件材料	10 年
3.6	集团公司结构和布局调整文件材料	
3.6.1	集团公司军民品结构与布局调整方案	永久
3.6.2	军品科研、生产定点方案及集团公司的审批文件	永久
3.6.3	审核、批准子集团、直管单位控、参股子公司的设立、更名、股份增持、转让等文件材料	永久
3.7	项目建设管理文件材料	
3.7.1	项目建设管理制度、计划、总结，建设工程质量监督、检查及处理重大建设工程质量事故的文件材料	永久
3.7.2	工程咨询、勘察设计、施工、监理、工程总承包等资质管理文件材料	永久
3.7.3	组织编制的工程建设领域标准、规范及报批手续办理文件材料	30 年
3.7.4	子集团、直管单位建设项目招标、竣工验收文件材料	30 年

续表

序号	归 档 范 围	保管期限
3.8	管理信息化和工程信息化管理工作	
3.8.1	管理和工程信息化管理制度、总结等文件材料	永久
3.8.2	集团公司信息化建设总体规划	30年
3.8.3	子集团、直管单位管理和工程信息化建设问题的请示、报告与集团公司的批复、批示、指示、决定、通知等	
3.8.3.1	涉及总体规划、系统设计事项或影响长远事项	30年
3.8.3.2	涉及其他一般事项	10年
3.8.4	数字化工程立项申报文件材料	
3.8.4.1	获批准较大金额项目	永久
3.8.4.2	获批准中小金额项目，未获批准的较大金额项目	30年
3.8.4.3	未获批准中小金额项目，金额较小项目	10年
3.8.5	集团公司信息化管理办公室形成的文件材料	10年
3.9	集团公司其他事务管理文件材料	
3.9.1	承办、督办重要事项形成的签报、报告等材料	30年
3.9.2	承办、督办一般事项形成的签报、报告等材料	10年
4	**科学技术部**	
4.1	科技发展与科研预算管理文件材料	
4.1.1	科技发展战略、中长期发展规划	永久
4.1.2	科研能力建设中长期规划、年度计划，产品科研条件保障计划	永久
4.1.3	产品贸易规划，报告、年度计划、项目组织实施及监督管理方面形成的文件材料	30年
4.1.4	产品科研开发费项目签报、报告、年度计划、组织实施及监督管理方面形成的文件材料	30年
4.1.5	定期发布的集团公司科技创新与技术进步报告	永久

续表

序号	归档范围	保管期限
4.1.6	重大科技专项、其他科研专项论证与报批文件材料	永久
4.1.7	产品定型委员会办公室工作形成文件材料	
4.1.7.1	产品定型工作制度、办法、总结	永久
4.1.7.2	产品定型工作年度计划	30年
4.1.7.3	产品定型委员会办公室日常工作形成文件材料	10年
4.1.8	科学技术委员会办公室工作形成文件材料	
4.1.8.1	科学技术委员会工作制度、办法、总结	永久
4.1.8.2	年度工作计划，有关经费管理文件材料	30年
4.1.8.3	委员日常活动形成文件材料	10年
4.2	科技合作工作文件材料	
4.2.1	技术引进、技术合作、技术交流、技术转让、技术输出等工作中长期规划和年度计划	30年
4.2.2	集团公司重大技术引进、技术合作项目论证、审（报）批的文件材料	永久
4.2.3	“××××工程”管理方面形成的文件材料	永久
4.3	知识产权与科技成果管理文件材料	
4.3.1	知识产权与科技成果管理制度、办法、总结等	永久
4.3.2	集团下发的有关知识产权与科技成果管理工作决定、指示等文件材料	永久
4.3.3	知识产权战略发展规划、年度工作计划	30年
4.3.4	科技成果评审、奖励、推荐文件材料	
4.3.4.1	获省部级（含）以上奖励或涉及集团核心、高科技、基础技术科技成果	永久
4.3.4.2	获省部级以下奖励或非核心、非高科技、非基础技术科技成果	30年
4.3.5	知识产权购买、转让许可、授权使用、合作交流等审批的文件资料	永久

续表

序号	归档范围	保管期限
4.3.6	科技成果产业化计划（含军品科研转产计划）	30年
4.4	民品科技工作文件材料	
4.4.1	重大民品科研项目的立项、审核、申报、组织实施及监督管理方面的文件材料	永久
4.4.2	军转民、军民共用技术开发项目计划	30年
4.4.3	军品科研民口配套的审核、电子元器件中长期规划、年度计划及组织技术鉴定与验收方面的文件资料	30年
4.5	工艺与材料技术管理文件材料	
4.5.1	工艺与材料创新中长期规划、年度计划与经费预算及监督实施方面的文件材料	永久
4.5.2	关键工艺评审和重大工艺鉴定（或定型）规范	永久
4.5.3	关键工艺、材料、制造、试验与测试技术攻关中形成的文件材料	30年
4.5.4	在新技术、新工艺、新材料推广应用工作中形成文件材料	30年
4.6	技术基础工作文件材料	
4.6.1	集团公司产品生产鉴定、复产鉴定、产品技术状态指标调整等文件资料	永久
4.6.2	集团公司先进设计技术、标准化、质量与可靠性、试验与测试技术、科技情报、计量、理化、无损检测、环境试验等技术基础中长期发展规划、年度计划	30年
4.6.3	集团公司技术基础规范化管理体系建设工作中形成的文件材料	30年
4.7	科技资源管理工作	
4.7.1	技术创新体系建设工作制度、办法、总结等文件材料	永久

续表

序号	归档范围	保管期限
4.7.2	技术创新体系建设工作决定等文件材料	永久
4.7.3	子集团、直管单位企业技术中心认定申报、审批文件材料，国家和国防科技重点实验室建设、认定申报、审批文件材料	永久
4.7.4	有关基础科研资金申请、使用管理等文件材料	30年
4.7.5	子集团、直管单位产品科研许可证审核、申报工作文件材料	永久
4.8	数字化工程设计、技术论证、建设实施、验收、对外立项申报等文件材料	
4.8.1	涉及整体项目和重大项目的	永久
4.8.2	中、小型项目	30年
4.9	集团公司其他事务管理文件材料	
4.9.1	承办、督办重要事项形成的签报、报告等材料	30年
4.9.2	承办、督办一般事项形成的签报、报告等材料	10年
5	**运营管理部**	
5.1	集团公司经营工作及统计分析工作文件材料	
5.1.1	集团公司军品及重点民品年度生产经营计划	永久
5.1.2	集团公司年度主要经济指标和经营目标、年度经营责任合同书	永久
5.1.3	集团公司军品、重点民品生产经营季度和月度计划	30年
5.1.4	集团公司经济活动监控与月度综合分析	10年
5.1.5	集团公司经济运行综合分析、综合统计、生产统计年报	永久
5.2	生产组织与协调工作文件材料	
5.2.1	集团公司军品订货合同管理文件材料	30年
5.2.2	子集团、直管单位武器装备生产许可证管理文件材料	永久

续表

序号	归档范围	保管期限
5.2.3	军品科研试验、产品验收管理等的文件材料	10年
5.2.4	子集团、直管单位推进精益化生产、精细化管理持续改善与提高活动的文件材料	10年
5.3	市场开拓、贸易管理、物资采购和物流管理工作文件材料	
5.3.1	贸易管理政策、规定和措施等	永久
5.3.2	参加（观）展览会的组织、协调、申报和审批材料	永久
5.3.3	国内物流体系和供应商管理体系建设所形成文件材料	10年
5.3.4	装备采购计划、装备需求信息、贸易公司提出的订货申请等材料	10年
5.4	品牌建设文件材料	
5.4.1	品牌建设制度、办法、总结等文件材料	永久
5.4.2	产品品牌战略、品牌建设规划	30年
5.4.3	品牌战略实施过程文件材料	30年
5.5	保障服务工作文件材料	
5.5.1	产品售后服务体系建设所形成的文件材料	30年
5.5.2	协调解决产品生产及产品售后服务中的技术、质量问题的文件材料	10年
5.5.3	承办、督办重要事项中形成的签报、报告等文件材料	30年
5.5.4	承办、督办一般事项中形成的签报、报告等文件材料	10年
6	**人力资源部**	
6.1	领导人员队伍建设管理工作文件材料	

续表

序号	归 档 范 围	保管期限
6.1.1	子集团、直管单位领导班子考察、任免、换届、调整、奖惩等材料	永久
6.1.2	全资、控股子集团（子公司，含上市公司）及其他控股、参股单位董事长（副董事长）、监事会主席，董事、监事、总经理推荐、聘任、审核等材料	永久
6.2	人才工作文件材料	
6.2.1	集团公司人力资源中长期规划，人力资源管理方面政策、规章制度	永久
6.2.2	集团公司核心骨干人才的审核、任免、待遇（级别）审批和离退休人员待遇（级别）审批等文件材料	永久
6.2.3	集团公司因公出国（境）人员政审、集团公司党组管理的领导人员、在京子集团（子公司）和其他成员单位涉密员工因私出国（境）审批文件材料	永久
6.2.4	集团公司级首席专家、首席技师、科技带头人、营销带头人、技能带头人及其后备人才的推荐、评审、考核、评价	永久
6.2.5	重点型号研制项目领导人员和国家重点实验室领导人员的推荐、评审、考核、评价	永久
6.2.6	集团公司级以上荣誉称号、奖励等的选拔、评审、推荐和考核，中央直接掌握联系的高级专家、高级科技人员延长退休的审批材料	永久
6.2.7	集团公司专业技术职务评审及技术技能竞赛材料	永久
6.2.8	集团公司中长期培训规划、年度培训计划	30 年

续表

序号	归 档 范 围	保管期限
6.2.9	集团公司职业技能鉴定和特有职业系列培训教材和题库等	10 年
6.3	总部人事管理文件材料	
6.3.1	集团公司总部机构设置、定员和职责划分等文件材料	永久
6.3.2	集团公司总部岗位职责、工作标准、工作流程、任职资格及其管理体系建设文件材料	永久
6.3.3	集团公司总部员工的录用、聘用（解聘）、调配、考核、奖惩、劳动合同管理文件材料	永久
6.3.4	总部员工培训及后备人才、核心骨干人才考察、考核、评价等文件材料	永久
6.4	人力资源基础管理文件材料	
6.4.1	集团公司人力资源职业分类标准、职业技能标准和技术等级标准	30 年
6.4.2	人力资源信息统计与管理状况分析材料	永久
6.5	集团公司其他事务管理文件材料	
6.5.1	承办、督办重要事项形成的签报、报告等材料	30 年
6.5.2	承办、督办一般事项形成的签报、报告等材料	10 年
7	**财务金融部**	
7.1	金融和预算管理工作文件材料	
7.1.1	集团公司财务金融管理制度、办法、规定、总体规划等文件材料	永久
7.1.2	财政部、国家税务总局关于财务制度、会议制度及有关税收问题的文件材料	30 年
7.1.3	集团公司财务金融中长期规划、决算	永久
7.1.4	集团公司财务预算，总部财务预算、年度财务计划	永久

续表

序号	归档范围	保管期限
7.2	对集团公司收入、成本、费用情况分析、预测、监控和考核评价工作中形成的文件材料	永久
7.3	集团公司资金使用总体规划和使用计划，资金预算方案建议	30年
7.4	金融运作文件材料	
7.4.1	金融信用与金融衍生品业务管理文件材料	30年
7.4.2	债权市场和货币工具大额融资文件材料	永久
7.4.3	外汇管理等国际金融业务文件材料	30年
7.4.4	保险业务文件材料	
7.4.4.1	大额业务	永久
7.4.4.2	中小额度业务	30年
7.5	会计信息工作文件材料	
7.5.1	集团公司财务会计核算基本原则和会计政策	永久
7.5.2	集团公司会计核算，开展会计监督和检查工作中形成的文件材料	30年
7.5.3	在集团公司考核评价、年度经营业绩和总部部门考核评价、开展工效挂钩等工作中形成文件材料	永久
7.5.4	子集团、直管单位会计核算与报表	10年
7.6	税务登记、缴纳、减免、返还等工作文件材料	永久
7.7	整机产品和跨集团产品价格定（调）价方案申报文件材料，内部协作配套产品、外贸产品定价文件材料	永久
7.8	总部财务工作文件材料	
7.8.1	总部资金管理与结算工作文件材料	30年

续表

序号	归 档 范 围	保管期限
7.8.2	总部固定资产价值核算与管理文件材料	永久
7.8.3	集团公司总部年度各项收益收缴方案	永久
7.9	集团公司其他事务管理文件材料	
7.9.1	承办、督办重要事项形成的签报、报告等材料	30年
7.9.2	承办、督办一般事项形成的签报、报告等材料	10年
8	**绩效与薪酬管理部**	
8.1	绩效管理文件材料	
8.1.1	集团公司绩效管理体系建设所形成制度、办法、规定、工作总结等文件材料	永久
8.1.2	绩效与薪酬工作规划、计划	30年
8.1.3	集团公司年度绩效目标任务方案	永久
8.1.4	集团公司与子集团、直管单位董事会签订责任书	永久
8.2	考核评价工作文件材料	
8.2.1	集团公司绩效考核评价体系建设所形成文件材料	永久
8.2.2	集团公司总部各部门绩效与管理目标完成情况的考核评价	永久
8.2.3	集团公司重大事项即时考核的文件材料	永久
8.2.4	子集团、直管单位领导人员及总部部门的绩效考核评价意见的文件材料	永久
8.3	薪酬管理工作文件材料	
8.3.1	薪酬管理体系建设所形成的制度、办法、规定、工作总结等文件材料	永久
8.3.2	工资总额、人工成本管理文件材料	永久
8.3.3	总部员工薪酬和社会保险管理工作文件材料	
8.3.3.1	薪酬体系方案	永久
8.3.3.2	员工工资发放月汇总表	永久

续表

序号	归档范围	保管期限
8.3.3.3	员工养老保险、医疗保险、失业保险、工伤保险、失业保险、住房公积金管理过程中形成的登记、变更、注销、汇（补、缓）缴、转移、提取等过程中形成的文件材料	永久
8.3.4	企业年金制度和中长期激励制度管理工作文件材料	永久
8.3.5	事业单位工资制度改革文件材料	永久
8.4	集团公司其他事务管理文件材料	
8.4.1	承办、督办重要事项形成的签报、报告等材料	30年
8.4.2	承办、督办一般事项形成的签报、报告等材料	10年
9	**权益与风险管理部**	
9.1	董事会建设与董事管理工作文件材料	
9.1.1	子集团、直管单位董事会、董事管理制度、办法、规定等文件材料	永久
9.1.2	就子集团、直管单位董事会、董事管理事务发出的决定、重大事项的通知等文件材料	永久
9.1.3	集团推荐、委派的子集团、直管单位董事会成员、外部董事、专职董事履职管理及履职评价工作文件材料	永久
9.1.4	子集团、直管单位股东会、董事会重要议题议案的沟通、协调，办理股东代表授权事宜的文件材料	30年
9.1.5	子集团、直管单位治理机制建设文件材料	30年
9.2	权益管理工作文件材料	
9.2.1	集团公司权益管理体系建设所形成制度、办法、规定等文件材料	永久
9.2.2	集团公司、子集团、直管单位所有者权益登记、界定、变更及处理等产权管理的文件材料	永久

续表

序号	归 档 范 围	保管期限
9.2.3	集团公司各种商标、专利、商业秘密等文件材料	永久
9.2.4	企业设立、变更、解散过程文件材料	
9.2.4.1	本企业筹办和设立的申请文件材料、政府相关部门批准设立本企业的相关文件材料	永久
9.2.4.2	本企业设立登记相关证照、证照变更登记文件材料	永久
9.2.4.3	本企业章程送审稿、批准稿及正式文本	永久
9.2.4.4	企业合并、分立、改制、上市、破产、解散或其他变更公司形式等过程中形成的文件材料	永久
9.2.5	国有资产管理部门对本企业国有资本金核算、确认、划转、变更的文件材料	永久
9.2.6	其他非国有组织或机构资本对本企业投资、投入核算登记、确认文件材料	永久
9.2.7	本企业土地、房屋、基础设施等不动产产权登记文件材料，重要的技术装备、设备等固定资产登记文件材料，自然资源的所有权、使用权、收益权等申请、批准、登记的权属文件材料	永久
9.3	资本运营和资产管理工作文件材料	
9.3.1	集团公司资本运营顶层设计方案	永久
9.3.2	审（报）批上市公司发行股票、债券、配股以及资产出售、收购、置换等重大资本运作方案和股票发行上市等证券业务的文件材料	永久
9.3.3	集团公司国有资本保值增值率、总资产周转率等资产经营目标	30年
9.3.4	子集团、直管单位限额以上资产（产权）的处置、转让方案，及集团公司内、外部资产无偿划转方案	永久

续表

序号	归 档 范 围	保管期限
9.3.5	子集团、直管单位国有资产评估、资产处置及审核备案的文件材料	永久
9.4	风险管理和法律事务工作文件材料	
9.4.1	风险管理和法律事务制度、办法、计划、总结	永久
9.4.2	集团公司全面风险管理报告	30年
9.4.3	在集团公司风险识别、预警、评估、控制工作中形成的文件材料	
9.4.3.1	重大风险的	永久
9.4.3.2	中等风险的	30年
9.4.3.3	较小风险的	10年
9.4.4	集团公司担保事项（含大额资产对外抵押和质押）、子集团、直属单位对外担保事项担保书、协议、合同	永久
9.4.5	集团公司重要合同等重大事项的法律审查和法律建议	永久
9.4.6	集团公司诉讼、仲裁、行政复议和听证的文件材料	永久
9.5	调整改革工作文件材料	
9.5.1	集团公司内部重大重组项目所形成的文件材料	永久
9.5.2	子集团、直管单位控、参股子公司改革改制方案和清退方案	永久
9.5.3	子集团、直管单位破产关闭、社会职能剥离方案	永久
9.5.4	集团公司事业单位改制方案	永久
9.6	集团公司其他事务管理文件材料	
9.6.1	承办、督办重要事项形成的签报、报告等材料	30年
9.6.2	承办、督办一般事项形成的签报、报告等材料	10年

续表

序号	归 档 范 围	保管期限
10	**质量安全与社会责任部**	
10.1	质量监督管理工作文件材料	
10.1.1	质量、安全、职业（工业）卫生工作的方针、目标、规范、制度等	永久
10.1.2	集团公司质量管理监督体系建设、相关认证及对质量体系工作的考核评价	永久
10.1.3	技术基础中长期发展规划、年度计划及计量、理化、无损检测、质量与可靠性计划	30 年
10.1.4	子集团、直属单位质量管理考核指标及对质量工作进行监督、评价的文件材料	30 年
10.1.5	对集团公司军民品重大质量问题的调查、处理、整改、监督、评价工作中形成的文件材料	永久
10.1.6	重点产品质量督察计划	30 年
10.1.7	质量信息管理、建设，质量分析活动和通报质量情况	10 年
10.1.8	质量检验、质量管理人员培训与资格认证、校准和测试实验室认证的文件材料	30 年
10.2	安全监督工作文件材料	
10.2.1	生产安全、职业卫生和相关工作方针、规范和技术标准	永久
10.2.2	生产安全、职业卫生监督检查计划	10 年
10.2.3	重大危险源、重大安全隐患的评估、备案材料	永久
10.2.4	重点建设项目安全预评价、验收报告和备案材料，涉及易燃易爆建设项目安全设施的专项验收材料	永久
10.2.5	生产安全事故调查报告及事故调查、处理过程中形成的文件材料	永久

续表

序号	归 档 范 围	保管期限
10.2.6	安全技术科研规划、年度计划及安全技术科研项目的立项材料	30 年
10.2.7	安全生产标准化建设过程中形成的文件材料	10 年
10.3	节能环保监督及其他工作文件材料	
10.3.1	能源管理、环境保护相关工作规范、标准、定额	30 年
10.3.2	节能减排、环境保护规划、计划和年度目标	30 年
10.3.3	并购、新建、改建、扩建等项目的节能减排评估和重点建设项目环保评价报告	永久
10.3.4	环境影响评价书、环保污染防治措施、总结、报告、污染事故抢救、调查、处理文件材料	永久
10.4	社会责任工作文件材料	
10.4.1	社会责任工作制度、规定、办法、社会责任报告	永久
10.4.2	子集团、直属单位社会责任考核指标	30 年
10.4.3	参与和投入社会公益、慈善、捐赠事业的记录文件材料	30 年
10.4.4	赈灾、扶贫、献血、拥军优属等文件材料	30 年
10.5	集团公司其他事务管理文件材料	
10.5.1	承办、督办重要事项形成的签报、报告等材料	30 年
10.5.2	承办、督办一般事项形成的签报、报告等材料	10 年
11	**监察部（党组纪检组）**	
11.1	监事会工作文件材料	
11.1.1	国家和集团公司关于国有企业监事会工作的有关规定、规章制度及年度工作要点	永久
11.1.2	子集团、直属单位监事会的年度工作报告、年度监督检查报告、专项情况报告和任期工作报告及处理意见	永久

续表

序号	归 档 范 围	保管期限
11.1.3	与国务院派驻监事会联系中形成的文件材料	永久
11.2	监督教育工作文件材料	
11.2.1	中央纪委全会、中央企业纪检监察工作会议及集团公司党风建设和反腐倡廉工作会议文件材料	30年
11.2.2	集团公司惩治和预防腐败体系工作规划	30年
11.2.3	集团公司大监督体系建设形成的文件材料	30年
11.2.4	反腐倡廉宣传教育和廉洁文化建设方面的文件材料	30年
11.2.5	编辑的集团公司《典型案例选编》、《集团公司信访和查办案件情况通报》和《监察要情》、《纪检监察简讯》等刊物	30年
11.2.6	向集团公司总部局域网党风建设、反腐倡廉栏目和其他新闻媒体报送的反腐倡廉宣传稿件	10年
11.3	纪检监察工作文件材料	
11.3.1	案件审理工作规章制度	永久
11.3.2	执法监察和案件检查工作计划、要点	30年
11.3.3	党员干部违纪违法案件和其他重要案件受理、调查、审理和处理的文件材料	永久
11.3.4	监督、检查集团公司总部各部门、子集团、直属单位党政领导班子执行党风廉政建设、反腐倡廉、纪检监察情况的文件材料	30年
11.3.5	案件检查统计分析，纪检监察业务范围内的信访、初核、立案及申诉复查等文件材料	永久
11.4	集团公司其他事务管理文件材料	
11.4.1	承办、督办重要事项形成的签报、报告等文件材料	30年
11.4.2	承办、督办一般事项形成的签报、报告等文件材料	10年

续表

序号	归档范围	保管期限
12	**审计部**	
12.1	审计工作文件材料	
12.1.1	审计工作制度、总结，专项审计通知、报告、批复等文件材料	永久
12.1.2	集团公司经济责任审计、内部控制与风险管理审计、专项审计中长期工作规划和年度工作计划	30 年
12.1.3	对集团公司直接管理的子集团、直属单位领导人员经济责任审计形成的文件材料	永久
12.1.4	内部控制与风险管理审计、专项审计的报告、审计意见和建议	永久
12.1.5	审计署等外部审计提出的审计决定和建议	永久
12.1.6	集团公司内部审计调查材料	永久
12.1.7	集团公司内部审计工作报表	30 年
12.1.8	集团公司财务决算审计、管理审计和审计信息化中长期工作规划和年度工作计划	30 年
12.1.9	财务决算审计和管理审计报告、审计意见和建议	永久
12.1.10	对子集团、直属单位财务决算审计及对经营者绩效考核相关指标进行审计的材料	永久
12.1.11	子集团、直属单位改制重组审计、效益审计、合同（合约）审计等材料	永久
12.1.12	子集团、直属单位项目竣工财务决算、结算审计，参与项目竣工验收的审计资料	永久
12.2	后评价工作文件材料	
12.2.1	后评价工作制度、管理办法、总结	永久
12.2.2	集团公司后评价、项目竣工决算（结算）审计及监督检查的中长期工作规划和年度工作计划	30 年

续表

序号	归 档 范 围	保管期限
12.2.3	集团公司投资项目、资本运营及资产经营、子集团、直属单位重大事项的后评价报告等材料	永久
12.3	集团公司其他事务管理文件材料	
12.3.1	承办、督办重要事项形成的签报、报告等文件材料	30年
12.3.2	承办、督办一般事项形成的签报、报告等文件材料	10年
13	**党群工作部（企业文化部、直属党委）**	
13.1	集团公司党员代表大会、职工代表大会、共青团代表大会形成的文件材料	
13.1.1	请示、批复、通知、名单、议程、报告、领导人讲话、选举结果、会议记录、讨论通过的文件、决议、纪要等文件材料	永久
13.1.2	大会发言、交流，小组会议记录、总结等文件材料	10年
13.2	党建及直属党委、纪委、工会、共青团工作文件材料	
13.2.1	年度工作计划	30年
13.2.2	党委（支部）中心组学习文件材料和中央布置的重大学习活动	30年
13.2.3	集团公司总部及在京成员单位党委（总支、支部）、纪委换届选举审批工作材料	永久
13.2.4	总部及在京成员单位党员领导干部民主生活会材料	永久
13.2.5	总部及在京成员单位党内统计、党费收缴管理使用、总部发展党员、党内表彰、处理和防范邪教问题等材料	永久

续表

序号	归档范围	保管期限
13.2.6	总部党建工作、总部及在京成员单位党员违法违纪案件、处分等材料	永久
13.2.7	子集团、直属单位基层党组织和党员队伍建设，开展创先争优活动，推进党员“双培养”工作的材料	10年
13.2.8	职工民主管理、表彰先进、劳保福利、职工维权、工会会费与财务文件材料	永久
13.2.9	女工工作、劳动竞赛、文体活动、计划生育等方面文件材料	
13.2.9.1	重要的	永久
13.2.9.2	一般的	10年
13.2.10	共青团组织发展、劳动竞赛、表彰先进、团费管理、文体活动等文件材料	
13.2.10.1	重要的	永久
13.2.10.2	一般的	30年
13.3	企业文化建设工作文件材料	
13.3.1	集团公司企业文化建设纲要、企业文化建设总体规划和年度计划、年度课题研究计划	30年
13.3.2	集团公司企业文件推广工作文件材料	10年
13.4	统战宣传和群众工作文件材料	
13.4.1	集团公司统战工作报告、总结，民主党派人员名单登记、活动记录，精神文明建设方面文件材料	30年
13.4.2	子集团、直属单位思想宣传、精神文明建设、调研、经验交流等活动材料	10年
13.4.3	子集团、直管单位推进合理化建议持续改善与提高活动的文件材料	10年
13.4.4	集团公司帮扶救助工作文件材料	10年

续表

序号	归 档 范 围	保管期限
13.5	集团公司评优表彰及党建、宣传、企业文化建设研究成果的评选表彰	30 年
13.6	民间团体工作，民政协调工作中形成的文件材料	
13.6.1	民间团体设立、变更、撤销等的请示、批复、章程等文件材料	永久
13.6.2	民间团体活动过程形成的文件材料	
13.6.2.1	重大活动	30 年
13.6.2.2	日常活动	10 年
13.7	本企业人员参选、出席党代会、职代会、妇代会、团代会文件材料	
13.7.1	区级（含）以上的	永久
13.7.2	区级以下的	30 年
13.8	集团公司其他事务管理文件材料	
13.8.1	承办、督办重要事项形成的签报、报告等文件材料	30 年
13.8.2	承办、督办一般事项形成的签报、报告等文件材料	10 年
14	**离退休干部局**	
14.1	党中央、国务院及业务主管部门关于离退休干部工作方针、政策，办法	30 年
14.2	部门工作计划、部门会议等材料	10 年
14.3	慰问离退休干部、离退休费、津补贴、遗属生活困难补助、困难补助等标准方面文件	永久
14.4	离退休干部信息库建设及离退休干部的综合统计	10 年

续表

序号	归 档 范 围	保管期限
14.5	集团公司、子集团、直属单位离退休干部有关待遇方面的文件材料	永久
14.6	子集团、直属单位离退休干部工作人员工作经验交流、课题调研材料	10年
14.7	离退休干部级别变更工作文件材料	永久
14.8	集团公司离退休干部来信来访信件	30年
14.9	集团公司其他事务管理文件材料	
14.9.1	承办、督办重要事项形成的签报、报告等文件材料	30年
14.9.2	承办、督办一般事项形成的签报、报告等文件材料	10年

附 录 D

中国兵器工业集团公司总部管理类文件材料归档范围和档案保管期限表（按职能）（草案）

序号	归 档 范 围	保管期限
1	**本企业设立、变更、解散过程文件材料**	
1.1	本企业筹办和设立的申请文件材料、政府相关部门批准设立本企业的相关文件材料	永久
1.2	本企业设立登记相关证照、证照变更登记文件材料	永久
1.3	本企业章程送审稿、批准稿及正式文本	永久
1.4	企业合并、分立、改制、上市、破产、解散或其他变更公司形式等过程中形成的文件材料	永久
2	**本企业董事会、监事会、股东会构成及变更等方面的文件材料**	
2.1	本企业董事会、监事会、股东会构成及变更文件材料，发起人协议	永久
2.2	董事会、监事会、股东代表大会会议形成的文件材料	
2.2.1	会议通知、议程、报告、决议、决定、公报声明、记录、领导人讲话、总结、纪要、讨论通过的文件材料、参加人员名单	永久
2.2.2	讨论未通过的文件材料	10年
2.3	监事会工作文件材料	
2.3.1	国家和集团公司关于国有企业监事会工作的有关规定、规章制度及年度工作要点	永久
2.3.2	与国务院派驻监事会联系中形成的文件材料	永久

续表

序号	归 档 范 围	保管期限
3	**本企业资本登记、资本变动、融资文件材料**	
3.1	国有资产管理部门对本企业国有资本金核算、确认、划转、变更的文件材料	永久
3.2	其他非国有组织或机构资本对本企业投资、投入核算登记、确认文件材料	永久
3.3	本企业证券和股票发行、增资扩股、股权变更等文件材料	
3.3.1	上市辅导和准备阶段形成的文件材料	
3.3.1.1	评估报告、审计报告、承销商出具的核查意见，股票发行上市辅导汇总报告、发行人律师意见书，律师工作报告、股东大会决议、董事会通过的资金运用方案决议、固定资产投资项目建议书、招股说明书及发行公告（含财务报告、赢利预测报告）	永久
3.3.1.2	与中介机构签订的上市辅导协议、尽职调查材料	30年
3.3.2	发行申请书、证监会核准文件材料、审核过程中提出的审核反馈意见	永久
3.3.3	股票发行申请报告及证券交易所的批复、发行方案、股票发行定价分析报告、路演推介文件材料	永久
3.3.4	上市推荐书、上市公告书、确定股票挂牌简称的函	永久
3.3.5	股票首次发行过程中形成的其他文件材料	
3.3.5.1	重要事项	永久
3.3.5.2	一般事项	30年
3.3.6	股票增发、配股文件材料	永久
4	**本企业资产权属管理文件材料**	
4.1	资产权属证明文件材料	

续表

序号	归档范围	保管期限
4.1.1	本企业土地、房屋、基础设施等不动产产权登记文件材料，重要的技术装备、设备等固定资产登记文件材料，自然资源的所有权、使用权、收益权等申请、批准、登记的文件材料	永久
4.2	知识产权管理文件材料	
4.2.1	知识产权管理制度、办法、总结等	永久
4.2.2	集团下发的有关知识产权管理工作决定等文件材料	永久
4.2.3	知识产权战略发展规划、年度工作计划	30 年
4.2.4	知识产权购买、转让许可、授权使用、合作交流等审批的文件资料	永久
5	**集团公司党组会、办公会、专题会会议文件材料**	
5.1	通知、议程、报告、决议、决定、记录、领导人讲话、总结、纪要、讨论通过的文件材料，参加人员名单	永久
5.2	讨论未通过的文件材料	10 年
6	**集团公司召开的工作会议、党组扩大会议及其他重要会议的文件材料**	
6.1	请示、报告、批复、通知、名单、日程、讲话、决定、总结、决议、纪要、媒体宣传报道、录音录像等	永久
6.2	典型材料、代表发言、交流材料、简报等	30 年
6.3	小组会议记录、参考材料等	10 年
7	**本企业承办的大型展览会、博览会、论坛、学术会议、国际性会议的文件材料**	
7.1	请示、批复、申办和筹办组委会组建文件材料、主要活动安排、议程、名单、主报告（原文及译文）、辅助报告（原文及译文），领导人贺词、题词、讲话，会徽设计、简报、新闻报道	永久

续表

序号	归 档 范 围	保管期限
7.2	代表发言、经验交流	30年
7.3	委员会、分会会议和学术会议的讨论记录，会议代表登记表、接待安排	30年
8	**有关机关和上级主管部门领导、社会知名人士检查、视察、调研本企业工作时形成的文件、工作汇报、录音录像等文件材料**	
8.1	副省部级（含）以上领导干部的，副部级以下、处级以上（含）但为解决本企业具体问题做专题检查、视察、调研的	永久
8.2	副部级以下、处级以上（含）领导干部一般检查、视察、调研的，社会知名人士的	30年
8.3	处级以下的	10年
9	**本企业向有关机关、上级主管单位的请示、报告与有关机关、上级主管单位批复、批示**	
9.1	涉及集团公司经营管理重要事项和其他重要事项的文件材料	永久
9.2	涉及集团公司一般事项、无批复重要事项	30年
9.3	无批复的一般事项	10年
10	**本企业收到的有关机关、上级主管单位等相关机构制发的文件材料**	
10.1	党和国家领导人及上级主管部门领导对集团公司的批示、指示、讲话、题词、贺词、录音录像等资料	永久
10.2	集团公司收到的中共中央、国务院等上级机关和有关单位颁发的文件材料	
10.2.1	涉及集团公司经营管理重要事项和其他重要事项的文件材料	永久

续表

序号	归 档 范 围	保管期限
10.2.2	针对集团公司主管业务工作并要贯彻执行的法规性文件材料	30 年
10.2.3	涉及集团公司业务工作并要贯彻执行的文件材料	30 年
10.2.4	与集团公司经营管理等工作有关的一般性文件材料	10 年
11	**本企业经营决策、建设项目（含境外项目）管理、企业管理、资本经营、财务、物资管理、产品与服务业务管理、市场开发与营销、产品与服务销售管理、售后服务管理、客户信息、信誉、统计等管理工作文件材料**	
11.1	规划管理文件、规划体系建设文件材料	永久
11.2	集团公司总体规划和战略文件材料	
11.2.1	发展战略、中长期发展规划及滚动计划	
11.2.1.1	集团公司发展战略、中长期发展规划、专项规划及滚动计划	永久
11.2.1.2	子集团、直管单位上报的中长期发展规划、滚动计划、核心使命与发展方向及集团公司的批复等文件材料	30 年
11.2.2	子集团、直属单位名录管理文件材料	永久
11.2.3	集团公司年度发展评估报告	30 年
11.2.4	对集团公司（含子集团、直管单位）中长期发展规划及滚动计划执行情况进行监督、检查、考核等方面的文件材料	10 年
11.3	集团公司经营工作文件材料	
11.3.1	集团公司军品及重点民品年度生产经营计划	永久
11.3.2	集团公司年度主要经济指标和经营目标、年度经营责任合同书	永久

续表

序号	归档范围	保管期限
11.3.3	集团公司军品、重点民品生产经营季度和月度计划	30年
11.4	集团公司能力建设管理文件材料	
11.4.1	集团公司军品能力建设规划、制度，集团下发的有关能力建设工作的决定等文件材料	永久
11.4.2	能力建设资源争取与配置工作文件材料	
11.4.2.1	上报上级单位的文件材料	永久
11.4.2.2	集团内下发的文件材料	30年
11.4.3	子集团、直管单位军品能力建设规划和集团公司对其执行情况进行监督、检查等文件材料	30年
11.4.4	集团公司能力建设年度计划	30年
11.4.5	集团公司动员办公室形成的文件材料	10年
11.5	集团公司结构和布局调整文件材料	
11.5.1	集团公司产品结构与布局调整方案	永久
11.5.2	产品科研、生产定点方案及集团公司的审批文件	永久
11.5.3	审核、批准子集团、直管单位控、参股子公司的设立、更名、股份增持、转让等文件材料	永久
11.6	项目建设管理文件材料	
11.6.1	项目建设管理制度、计划、总结，建设工程质量监督、检查及处理重大建设工程质量事故的文件材料	永久
11.6.2	工程咨询、勘察设计、施工、监理、工程总承包等资质管理文件材料	永久
11.6.3	组织编制的工程建设领域标准、规范及报批手续办理文件材料	30年
11.6.4	子集团、直管单位建设项目招标、竣工验收文件材料	30年

续表

序号	归 档 范 围	保管期限
11.7	企业管理文件材料	
11.7.1	管理创新实施方案	30 年
11.7.2	下发子集团、直管单位有关管理创新工作的通知、指示、决定等	30 年
11.7.3	子集团、直管单位管理创新验收、评优过程文件材料	30 年
11.7.4	集团公司制度建设年度计划，实施效果评价的文件材料	10 年
11.8	资本运营和资产管理工作文件材料	
11.8.1	集团公司资本运营顶层设计方案	永久
11.8.2	审（报）批上市公司发行股票、债券、配股以及资产出售、收购、置换等重大资本运作方案和股票发行上市等证券业务的文件材料	永久
11.8.3	集团公司国有资本保值增值率、总资产周转率等资产经营目标	30 年
11.8.4	子集团、直管单位限额以上资产（产权）的处置、转让方案，及集团公司内、外部资产无偿划转方案	永久
11.8.5	子集团、直管单位国有资产评估、资产处置及审核备案的文件材料	永久
11.9	投资管理文件材料	
11.9.1	投资管理制度（境内外投资管理体系建设）、办法、规定、总结等方面的文件材料	永久
11.9.2	集团公司年度投资预算	
11.9.2.1	子集团、直管单位上报的年度投资预算和预算外投资及集团公司的批复文件材料	30 年
11.9.2.2	集团制定的并购（系指全部以现金作为出资的事项）方案	永久

续表

序号	归档范围	保管期限
11.9.3	集团海外发展及合资合作文件材料	
11.9.3.1	涉及权益的	永久
11.9.3.2	涉及办理过程的	30年
11.10	投资企业董事会建设与董事管理工作文件材料	
11.10.1	子集团、直管单位董事会、董事管理制度、办法、规定等文件材料	永久
11.10.2	就子集团、直管单位董事会、董事管理事务发出的决定、重要事项的通知等文件材料	永久
11.10.3	集团推荐、委派的子集团、直管单位董事会成员、外部董事、专职董事履职管理及履职评价工作文件材料	永久
11.10.4	子集团、直管单位股东会、董事会重要议题议案的沟通、协调，办理股东代表授权事宜的文件材料	30年
11.11	子集团、直管单位治理机制建设文件材料	30年
11.12	子集团、直属单位监事会的年度工作报告、年度监督检查报告、专项情况报告和任期工作报告及处理意见	永久
11.13	金融运作文件材料	
11.13.1	金融信用与金融衍生品业务管理文件材料	30年
11.13.2	债权市场和货币工具大额融资文件材料	永久
11.13.3	外汇管理等国际金融业务文件材料	30年
11.13.4	保险业务文件材料	
11.13.4.1	大额业务	永久
11.13.4.2	中小额度业务	30年
11.14	财务管理工作文件材料	
11.14.1	集团公司财务金融管理制度、办法、规定、总体规划等文件材料	永久

续表

序号	归档范围	保管期限
11.14.2	财政部、国家税务总局关于财务制度、会议制度及有关税收问题的文件材料	30年
11.14.3	集团公司财务金融中长期规划、决算	永久
11.14.4	集团公司财务预算，总部财务预算、年度财务计划	永久
11.14.5	对集团公司收入、成本、费用情况分析、预测、监控和考核评价工作中形成的文件材料	永久
11.14.6	集团公司资金使用总体规划和使用计划，资金预算方案建议	30年
11.14.7	会计信息工作文件材料	
11.14.7.1	集团公司财务会计核算基本原则和会计政策	永久
11.14.7.2	集团公司会计核算，开展会计监督和检查工作中形成的文件材料	30年
11.14.7.3	在集团公司考核评价、年度经营业绩和总部部门考核评价、开展工效挂钩等工作中形成的财务信息等资料	永久
11.14.7.4	子集团、直管单位会计核算与报表	10年
11.14.8	税务登记、交纳、减免、返还等工作文件材料	永久
11.14.9	整机产品和跨集团产品价格定（调）价方案申报文件材料，内部协作配套产品、外贸产品定价文件材料	永久
11.14.10	总部财务工作文件材料	
11.14.10.1	总部资金管理与结算工作文件材料	30年
11.14.10.2	总部固定资产价值核算与管理文件材料	永久
11.14.10.3	集团公司总部年度各项收益收缴方案	永久

续表

序号	归档范围	保管期限
11.15	调整改革工作文件材料	
11.15.1	集团公司内部重大重组项目所形成文件材料	永久
11.15.2	子集团、直管单位控、参股子公司改革改制方案和清退方案	永久
11.15.3	子集团、直管单位破产关闭、社会职能剥离方案	永久
11.15.4	集团公司事业单位改制方案	永久
11.16	集团公司产业发展管理文件材料	
11.16.1	机械产业、××××产业、光电信息产业、流通与战略资源产业、海外产业等产业的发展规划	永久
11.16.2	机械产业、××××产业、光电信息产业、流通与战略资源产业、海外产业等产业的产业结构、产品结构、能力结构、组织结构、布局结构调整与优化及科研、生产定点方案建议方面的文件材料	永久
11.16.3	审（报）批机械产业、××××产业、光电信息产业、流通与战略资源产业、海外产业等产业上市公司募集资金的投向规划和国内外合资合作、并购等文件材料	永久
11.16.4	审（报）批机械产业、×××产业、光电信息产业、流通与战略资源产业、海外产业等产业退出项目等文件材料	永久
11.17	产品定型工作形成文件材料	
11.17.1	产品定型工作制度、办法、总结	永久
11.17.2	产品定型工作年度计划	30年
11.17.3	产品定型委员会办公室日常工作形成文件材料	10年
11.18	市场开拓、××××管理、物资采购和物流管理工作文件材料	

续表

序号	归 档 范 围	保管期限
11.18.1	××××管理、出口管制与防扩散的政策、规定和措施等	永久
11.18.2	参加（观）国际××产品展览会的组织、协调、申报和审批材料	永久
11.18.3	国内物流体系和供应商管理体系建设所形成文件材料	10 年
11.18.4	装备采购计划、装备需求信息、下属公司提出的订货申请等材料	10 年
11.19	品牌建设文件材料	
11.19.1	品牌建设制度、办法、总结等文件材料	永久
11.19.2	产品品牌战略、品牌建设规划	30 年
11.19.3	品牌战略实施过程文件材料	30 年
11.20	保障服务工作文件材料	
11.20.1	售后服务体系建设所形成的文件材料	30 年
11.20.2	协调解决产品生产及产品售后服务中的技术、质量问题的文件材料	10 年
11.21	统计工作文件材料	
11.21.1	集团公司经济活动监控与月度综合分析	10 年
11.21.2	集团公司经济运行综合分析、综合统计、生产统计年报	永久
12	**本企业生产组织、质量管理、能源管理、设备管理、安全、环保、计量管理、科技管理、信息化管理、标准、图书情报等管理工作文件材料**	
12.1	生产组织与协调工作文件材料	
12.1.1	集团公司产品订货合同管理文件材料	30 年
12.1.2	子集团、直管单位产品生产许可证管理文件材料	永久

续表

序号	归档范围	保管期限
12.1.3	产品科研试验、产品验收管理文件材料	10年
12.1.4	子集团、直管单位推进精益化生产、精细化管理持续改善与提高活动的文件材料	10年
12.2	质量管理工作文件材料	
12.2.1	质量、安全、职业（工业）卫生工作的方针、目标、规范、制度等	永久
12.2.2	集团公司质量管理监督体系建设、相关认证及对质量体系工作的考核评价	永久
12.2.3	技术基础中长期发展规划、年度计划及计量、理化、无损检测、质量与可靠性计划	30年
12.2.4	子集团、直属单位质量管理考核指标及对质量工作进行监督、评价的文件材料	30年
12.2.5	对集团公司产品重大质量问题的调查、处理、整改、监督、评价工作中形成的文件材料	永久
12.2.6	重点产品质量督察计划	30年
12.2.7	质量信息管理、建设，质量分析活动和通报质量情况	10年
12.2.8	质量检验、质量管理人员培训与资格认证、校准和测试实验室认证的文件材料	30年
12.3	能源管理工作文件材料	
12.3.1	能源管理工作规范、标准、定额	30年
12.3.2	节能减排规划、计划和年度目标	30年
12.3.3	并购、新建、改建、扩建等项目的节能减排评估和重点建设项目环保评价报告	永久
12.4	安全监督工作文件材料	
12.4.1	生产安全、职业卫生和相关工作方针、规范和技术标准	永久

续表

序号	归 档 范 围	保管期限
12.4.2	生产安全、职业卫生监督检查计划	10 年
12.4.3	重大危险源、重大安全隐患的评估、备案材料	永久
12.4.4	重点建设项目安全预评价、验收报告和备案材料，涉及易燃易爆建设项目安全设施的专项验收材料	永久
12.4.5	生产安全事故调查报告及事故调查、处理过程中形成的文件材料	永久
12.4.6	安全技术科研规划、年度计划及安全技术科研项目的立项材料	30 年
12.4.7	安全生产标准化建设过程中形成的文件材料	10 年
12.5	环保监督工作文件材料	
12.5.1	环境保护相关工作规范、标准、定额	永久
12.5.2	环境保护规划、计划和年度目标	30 年
12.5.3	环境影响评价书、环保污染防治措施、总结、报告，污染事故抢救、调查、处理文件材料	永久
12.6	科技发展与科研预算管理文件材料	
12.6.1	科技管理工作制度、办法、总结、决定等文件材料	永久
12.6.2	科技发展战略、中长期发展规划	永久
12.6.3	科研能力建设中长期规划、年度计划，军品科研条件保障计划	永久
12.6.4	产品贸易规划，报告、年度计划、项目组织实施及监督管理方面形成的文件材料	30 年
12.6.5	产品科研开发费项目签报、报告、年度计划、组织实施及监督管理方面形成的文件材料	30 年
12.6.6	定期发布的集团公司科技创新与技术进步报告	永久
12.6.7	重大科技专项、其他产品科研专项论证与报批文件材料	永久

续表

序号	归 档 范 围	保管期限
12.6.8	科学技术委员会办公室工作形成文件材料	
12.6.8.1	科学技术委员会工作制度、办法、总结	永久
12.6.8.2	年度工作计划，有关经费管理文件材料	30年
12.6.8.3	委员日常活动形成文件材料	10年
12.6.9	科技合作工作文件材料	
12.6.9.1	技术引进、技术合作、技术交流、技术转让、技术输出等工作中长期规划和年度计划	30年
12.6.9.2	集团公司重大技术引进、技术合作项目论证、审（报）批、的文件材料	永久
12.6.10	“××××工程”管理方面形成的文件材料	永久
12.6.11	科技成果评审、奖励、推荐文件材料	
12.6.11.1	获省部级（含）以上奖励或涉集团核心、高科技、基础技术科技成果	永久
12.6.11.2	获省部级以下奖励或非核心、非高科技、非基础技术科技成果	30年
12.6.12	科技成果产业化计划（含产品科研转产计划）	30年
12.6.13	民品科技工作文件材料	
12.6.13.1	重大民品科研项目的立项、审核、申报、组织实施及监督管理方面的文件材料	永久
12.6.13.2	军转民、军民共用技术开发项目计划	30年
12.6.13.3	军品科研民口配套的审核、电子元器件中长期规划、年度计划及组织技术鉴定与验收方面的文件资料	30年
12.6.14	工艺与材料技术管理文件材料	
12.6.14.1	工艺与材料创新中长期规划、年度计划与经费预算及监督实施方面的文件材料	永久
12.6.14.2	关键工艺评审和重大工艺鉴定（或定型）规范	永久

续表

序号	归 档 范 围	保管期限
12.6.14.3	关键工艺、材料、制造、试验与测试技术攻关中形成的文件材料	30 年
12.6.14.4	在新技术、新工艺、新材料推广应用工作中形成文件材料	30 年
12.6.15	技术基础工作文件材料	
12.6.15.1	集团公司军民品生产鉴定、复产鉴定、产品技术状态指标调整等文件资料	永久
12.6.15.2	集团公司先进设计技术、标准化、质量与可靠性、试验与测试技术、科技情报、计量、理化、无损检测、环境试验等技术基础中长期发展规划、年度计划	30 年
12.6.15.3	集团公司技术基础规范化管理体系建设工作中形成的文件材料	30 年
12.6.16	科技资源管理工作	
12.6.16.1	技术创新体系建设工作制度、办法、总结等文件材料	永久
12.6.16.2	技术创新体系建设工作决定等文件材料	永久
12.6.16.3	子集团、直管单位企业技术中心认定申报、审批文件材料，国家和国防科技重点实验室建设、认定申报、审批文件材料	永久
12.6.16.4	军民融合、民品及国防基础科研资金申请、使用管理等文件材料	30 年
12.6.16.5	子集团、直管单位武器装备科研许可证审核、审报工作	永久
12.6.17	数字化工程设计、技术论证、建设实施、验收、对外立项申报等文件材料	
12.6.17.1	涉及整体的和重大项目的	永久
12.6.17.2	中、小型项目	30 年

续表

序号	归档范围	保管期限
12.7	管理信息化和工程信息化管理工作	
12.7.1	管理和工程信息化管理制度、总结等文件材料	永久
12.7.2	集团公司信息化建设总体规划	30年
12.7.3	子集团、直管单位管理和工程信息化建设问题的请示、报告与集团公司的批复、批示、决定、通知等	
12.7.3.1	涉及总体规划、系统设计事项或影响长远事项	30年
12.7.3.2	涉及其他一般事项	10年
12.7.4	数字化工程立项申报文件材料	
12.7.4.1	获批准且项目金额较大的	永久
12.7.4.2	获批准且中、小金额项目的，或未获批准的较大金额的	30年
12.7.4.3	未获批准中、小金额项目的和金额较小的	10年
12.7.5	集团公司信息化管理办公室形成的文件材料	10年
12.7.6	公司门户网站、总部计算机网络、办公自动化系统管理文件材料	
12.7.6.1	公司门户网站、总部计算机网络、办公自动化系统设计、实施文件材料	30年
12.7.6.2	公司门户网站、总部计算机网络、办公自动化系统运行维护过程文件材料	10年
13	**本企业组织机构设置、人力资源、文秘、机要、档案、保密、保卫、综合治理、信访、法律、外事、风险管理、内控与审计、社会责任、基本建设管理等管理工作文件材料**	
13.1	机构设置文件材料	
13.1.1	集团公司总部机构设置、定员和职责划分等文件材料	永久

续表

序号	归档范围	保管期限
13.1.2	集团公司总部岗位职责、工作标准、工作流程、任职资格及其管理体系建设文件材料	永久
13.2	人力资源管理工作文件材料	
13.2.1	领导人员队伍建设管理工作文件材料	
13.2.1.1	子集团、直管单位领导班子考察、任免、换届、调整、奖惩等材料	永久
13.2.1.2	全资、控股子集团（子公司，含上市公司）及其他控股、参股单位董事长（副董事长）、监事会主席，董事、监事、总经理推荐、聘任、审核等材料	永久
13.2.2	人才工作文件材料	
13.2.2.1	集团公司人力资源中长期规划，人力资源管理方面政策、规章制度	永久
13.2.2.2	集团公司核心骨干人才的审核、任免、待遇（级别）审批和离退休人员待遇（级别）审批等文件材料	永久
13.2.2.3	集团公司因公出国（境）人员政审、集团公司党组管理的领导人员、在京子集团（子公司）和其他成员单位涉密员工因私出国（境）审批，事业单位法人证书	永久
13.2.2.4	集团公司级首席专家、首席技师、科技带头人、营销带头人、技能带头人及其后备人才的推荐、评审、考核、评价	永久
13.2.2.5	重点型号研制项目领导人员和国家重点实验室领导人员的推荐、评审、考核、评价	永久
13.2.2.6	集团公司级以上荣誉称号、奖励等的选拔、评审、推荐和考核，中央直接掌握联系的高级专家、高级科技人员延长退休的审批材料	永久

续表

序号	归档范围	保管期限
13.2.2.7	集团公司专业技术职务评审及技术技能竞赛材料	永久
13.2.2.8	集团公司中长期培训规划、年度培训计划	30年
13.2.2.9	集团公司职业技能鉴定和特有职业系列培训教材和题库等	10年
13.2.3	总部人事管理文件材料	
13.2.3.1	集团公司总部员工的录用、聘用(解聘)、调配、考核、奖惩、劳动合同管理文件材料	永久
13.2.3.2	总部员工培训及后备人才、核心骨干人才考察、考核、评价等文件材料	永久
13.2.4	人力资源基础管理文件材料	
13.2.4.1	集团公司职业分类标准、职业技能标准和技术等级标准	30年
13.2.4.2	人力资源信息统计与人员管理状况分析材料	永久
13.2.5	本企业职工参选、出席人大、政协文件材料	
13.2.5.1	区以上人大、政协代表参选文件	永久
13.2.5.2	区以上人大、政协代表参加会议文件	30年
13.2.6	绩效管理文件材料	
13.2.6.1	集团公司绩效管理体系建设所形成制度、办法、规定、工作总结等文件材料	永久
13.2.6.2	绩效与薪酬工作规划、计划	30年
13.2.6.3	集团公司年度绩效目标任务方案	永久
13.2.6.4	集团公司与子集团、直管单位董事会签订责任书	永久
13.2.7	考核评价工作文件材料	
13.2.7.1	集团公司绩效考核评价体系建设所形成文件材料	永久

续表

序号	归 档 范 围	保管期限
13.2.7.2	集团公司总部各部门绩效与管理目标完成情况的考核评价	永久
13.2.7.3	集团公司重大事项即时考核的文件材料	永久
13.2.7.4	子集团、直管单位领导人员及总部部门的绩效考核评价意见的文件材料	永久
13.2.8	薪酬管理工作文件材料	
13.2.8.1	薪酬管理体系建设所形成的制度、办法、规定、工作总结等文件材料	永久
13.2.8.2	工资总额、人工成本管理文件材料	永久
13.2.8.3	总部员工薪酬体系方案	永久
13.2.8.4	总部员工工资发放月汇总表	永久
13.2.8.5	总部员工养老保险、医疗保险、失业保险、工伤保险、失业保险、住房公积金管理过程中形成的登记、变更、注销、汇（补、缓）缴、转移、提取等过程中形成的文件材料	永久
13.2.8.6	职工医疗卫生、计划生育工作制度、办法、总结等	30 年
13.2.8.7	职工医疗卫生、计划生育工作形成的计划、报告、记录等文件材料	10 年
13.2.8.8	企业年金制度和中长期激励制度管理工作文件材料	永久
13.2.8.9	事业单位工资制度改革文件材料	永久
13.2.9	离退休干部管理工作文件材料	
13.2.9.1	党中央、国务院及业务主管部门关于离退休干部工作方针、政策，办法	30 年
13.2.9.2	部门工作计划、部门会议等材料	10 年
13.2.9.3	慰问离退休干部、离退休费、津补贴、遗属生活困难补助、困难补助等标准方面文件	永久

续表

序号	归 档 范 围	保管期限
13.2.9.4	离退休干部信息库建设及离退休干部的综合统计	10年
13.2.9.5	集团公司、子集团、直属单位离退休干部有关待遇方面的文件材料	永久
13.2.9.6	子集团、直属单位离退休干部工作人员工作经验交流、课题调研材料	10年
13.2.9.7	离退休干部级别变更工作文件材料	永久
13.2.9.8	集团公司离退休干部来信来访信件	30年
13.3	集团公司文秘、机要、档案、保密工作文件材料	
13.3.1	文秘、机要、印章、档案、保密工作制度、规定、办法、总结等文件材料	永久
13.3.2	文秘、机要、档案、保密工作规划、计划文件材料	30年
13.3.3	档案开发、编研成果，档案移交清单、销毁清册	永久
13.3.4	集团公司总部、子集团、直管单位保密资格认证方案、申请、审查、批准文件材料	30年
13.3.5	保密工作检查方案、通知、结论、通报等文件材料	30年
13.3.6	失涉密事件调查、处理文件材料	
13.3.6.1	涉及机密级及以上的	30年
13.3.6.2	涉及秘密级及以下的	10年
13.3.7	集团公司普通密码管理和保密工作中形成的文件材料	10年
13.3.8	印模、作废印章	永久
13.4	安全保卫、应急管理工作	

续表

序号	归 档 范 围	保管期限
13.4.1	安全保卫、应急管理工作制度、规定、办法、总结等文件材料	永久
13.4.2	安全保卫、应急管理工作规划、计划、报告、报表等	30年
13.4.3	安全检查、调查方案、记录、通报	30年
13.4.4	制定的安全防范措施和突发事件应急预案，处理突发事件的文件材料	30年
13.4.5	突发事件应急预案的报备以及应急管理总结评估报告、季度报表	10年
13.4.6	交通安全工作中形成的文件材料	10年
13.5	信访工作文件材料	
13.5.1	信访工作制度、规定、办法、总结等文件材料	永久
13.5.2	信访工作计划	30年
13.5.3	有集团公司级（含）以上的领导批示及处理结果的人民来信和重要值班、电话记录、突发事件的报告等	永久
13.5.4	其他有处理结果的人民来信	30年
13.6	法律事务工作文件材料	
13.6.1	法律事务制度、办法、计划、总结	永久
13.6.2	集团公司重要合同等重大事项的法律审查和法律建议	永久
13.6.3	集团公司诉讼、仲裁、行政复议和听证的文件材料	永久
13.7	外事工作文件材料	
13.7.1	外事和港澳台工作制度、规定、管理办法、总结等	永久

续表

序号	归 档 范 围	保管期限
13.7.2	集团公司、子集团、直管单位重大外事活动，审批集团公司、子集团、直管单位在国（境）内外举办国际会议工作等文件材料	永久
13.7.3	集团公司总部及子集团、直管单位因公出国（境）任务审批和管理及审（报）批集团公司机构、个人参加国际组织工作等文件材料	永久
13.7.4	集团公司外事工作计划，外事经费和外事专项资金管理等文件材料	30年
13.7.5	集团公司因公出国（境）人员护照、签证和出境证明及护照管理工作的文件材料	30年
13.7.6	集团公司领导参加的非集团公司承办的各种涉外会议文件	10年
13.8	风险管理工作文件材料	
13.8.1	风险管理制度、办法、计划、总结	永久
13.8.2	集团公司全面风险管理报告	30年
13.8.3	在集团公司风险识别、预警、评估、控制工作中形成的文件材料	
13.8.3.1	重大风险的	永久
13.8.3.2	中等风险的	30年
13.8.3.3	较小风险的	10年
13.8.4	集团公司担保事项（含大额资产对外抵押和质押）、子集团、直属单位对外担保事项担保书、协议、合同	永久
13.8.5	集团公司重要合同等重大事项的法律审查和法律建议	永久
13.8.6	集团公司诉讼、仲裁、行政复议和听证的文件材料	永久
13.9	审计工作文件材料	

续表

序号	归档范围	保管期限
13.9.1	审计工作制度、总结，专项审计通知、报告、批复等文件材料	永久
13.9.2	集团公司经济责任审计、内部控制与风险管理审计、专项审计中长期工作规划和年度工作计划	30 年
13.9.3	对集团公司直接管理的子集团、直属单位领导人员经济责任审计形成的文件材料	永久
13.9.4	内部控制与风险管理审计、专项审计的报告、审计意见和建议	永久
13.9.5	审计署等外部审计提出的审计决定和建议	永久
13.9.6	集团公司内部审计调查材料	永久
13.9.7	集团公司内部审计工作报表	30 年
13.9.8	集团公司财务决算审计、管理审计和审计信息化中长期工作规划和年度工作计划	30 年
13.9.9	财务决算审计和管理审计报告、审计意见和建议	永久
13.9.10	对子集团、直属单位财务决算审计及对经营者绩效考核相关指标进行审计的材料	永久
13.9.11	子集团、直属单位改制重组审计、效益审计、合同（合约）审计等材料	永久
13.9.12	子集团、直属单位项目竣工财务决算、结算审计，参与项目竣工验收的审计资料	永久
13.9.13	项目后评价工作文件材料	
13.9.13.1	项目后评价工作制度、管理办法、总结	永久
13.9.13.2	集团公司项目后评价、项目竣工决算（结算）审计及监督检查的中长期工作规划和年度工作计划	30 年
13.9.13.3	集团公司投资项目、资本运营及资产经营、子集团、直属单位重大事项的后评价报告等材料	永久

续表

序号	归档范围	保管期限
13.10	社会责任工作文件材料	
13.10.1	社会责任工作制度、规定、办法、社会责任报告	永久
13.10.2	参与和投入社会公益、慈善、捐赠事业的记录文件材料	30年
13.10.3	赈灾、扶贫、献血、拥军优属等文件材料	30年
13.10.4	集团公司总部及指导在京直属单位绿化、爱国卫生、义务献血等社会事务性工作中形成的文件材料	10年
13.10.5	子集团、直属单位社会责任考核指标	30年
13.11	集团公司的史、志、年鉴、大事记、组织沿革等编研成果和编辑出版物	永久
13.12	集团公司编制的简报、期刊、重要文件汇编管理等文件材料	30年
13.13	集团公司总部办公用房、办公附属用房的购置、建造、调配、维修与装修管理文件材料	
13.13.1	购置、建造、调配等权属获取、变更文件材料	永久
13.13.2	维修装修管理、使用等文件材料	30年
13.14	人防工作文件材料	
13.14.1	人防设施建设、维修、使用管理制度、办法等	30年
13.14.2	人防设施建设、维修、使用形成的报告、记录等文件材料	10年
13.15	其他后勤服务文件材料	10年
14	**本企业党、团、工会等党群工作文件材料**	
14.1	集团公司党员代表大会、职工代表大会、共青团代表大会形成的文件材料	
14.1.1	请示、批复、通知、名单、议程、报告、领导人讲话、选举结果、会议记录、讨论通过的文件、决议、纪要等文件材料	永久

续表

序号	归 档 范 围	保管期限
14.1.2	大会发言、交流，小组会议记录、总结等文件材料	10年
14.2	党务综合性工作	
14.2.1	各项条例、规章制度、办法，工作计划、总结，“三重一大”等重要专项活动工作通知、报告，重要调研文件材料、党务工作大事记等	永久
14.2.2	情况反映、工作简报及一般文件材料	30年
14.3	组织工作	
14.3.1	党员干部考察、考核、任免、政审决定等	永久
14.3.2	入党、转正、退党、转入、转出等决定及党员名册，党团组织关系的介绍信及存根	永久
14.3.3	党委（党组）组织工作规章制度	永久
14.3.4	党群机构设置、调整、人员编制等方面决定及通知	永久
14.3.5	总部及在京成员单位党内统计、党费收缴管理使用、总部发展党员、党内表彰、处理和防范邪教问题等材料	永久
14.3.6	党员学习教育等活动形成的文件材料	
14.3.6.1	党委（支部）中心组学习文件材料和中央布置的重大学习活动	30年
14.3.6.2	普通党员学习教育和中心组日常学习教育活动	10年
14.3.7	党员统计年报	永久
14.3.8	集团公司总部及在京成员单位党委（总支、支部）、纪委换届选举审批工作材料	永久
14.3.9	子集团、直属单位基层党组织和党员队伍建设，开展创先争优活动，推进党员“双培养”工作的材料	10年

续表

序号	归档范围	保管期限
14.4	监督教育工作文件材料	
14.4.1	中央纪委全会、中央企业纪检监察工作会议及集团公司党风建设和反腐倡廉工作会议文件材料	30年
14.4.2	集团公司惩治和预防腐败体系工作规划	30年
14.4.3	集团公司监督体系建设形成的文件材料	30年
14.4.4	反腐倡廉宣传教育和廉洁文化建设方面的文件材料	30年
14.4.5	编辑的集团公司《典型案例选编》、《集团公司信访和查办案件情况通报》和《监察要情》、《××××纪检监察简讯》等刊物	30年
14.4.6	向集团公司总部局域网党风建设、反腐倡廉栏目和其他新闻媒体报送的反腐倡廉宣传稿件	10年
14.5	纪检监察工作文件材料	
14.5.1	案件审理工作规章制度	永久
14.5.2	执法监察和案件检查工作计划、要点	30年
14.5.3	党员干部违纪违法案件和其他重要案件受理、调查、审理和处理的文件材料	永久
14.5.4	监督、检查集团公司总部各部门、子集团、直属单位党政领导班子执行党风廉政建设、反腐倡廉、纪检监察情况的文件材料	30年
14.5.5	案件检查统计分析，纪检监察业务范围内的信访、初核、立案及申诉复查等数据	永久
14.5.6	总部党建工作、总部及在京成员单位党员违法违纪案件、处分等材料	永久
14.5.7	总部及在京成员单位党员领导干部民主生活会材料	永久
14.6	宣传、统战工作	

续表

序号	归 档 范 围	保管期限
14.6.1	集团公司统战工作报告、总结，民主党派人员名单登记、活动记录，精神文明建设方面文件材料	30年
14.6.2	子集团、直属单位思想宣传、精神文明建设、调研、经验交流等活动材料	10年
14.6.3	子集团、直管单位推进合理化建议持续改善与提高活动的文件材料	10年
14.6.4	集团公司帮扶救助工作文件材料	10年
14.7	集团公司评优表彰及党建、宣传、企业文化建设研究成果的评选表彰文件材料	30年
14.8	工会、女工、共青团工作规划、年度计划、总结、规章制度、决定、通知、会议记录	永久
14.9	职工民主管理、表彰先进、劳保福利、职工维权、工会会费与财务管理文件材料、工会统计年报、工会会员名册	永久
14.10	女工工作、劳动竞赛、文体活动、计划生育等方面文件材料	
14.10.1	重要的	永久
14.10.2	一般的	10年
14.11	共青团组织发展、劳动竞赛、表彰先进、团费管理、文体活动等文件材料	
14.11.1	重要的	永久
14.11.2	一般的	10年
14.12	民间团体工作，民政协调工作中形成的文件材料	
14.12.1	民间团体设立、变更、撤销等的请示、批复、章程等文件材料	永久

续表

序号	归档范围	保管期限
14.12.2	民间团体活动过程形成的文件材料	
14.12.2.1	重大活动	30年
14.12.2.2	日常活动	10年
14.13	本企业人员参选、出席党代会、职代会、妇代会、团代会文件材料	
14.13.1	区级（含）以上的	永久
14.13.2	区级以下的	30年
15	**本企业其他事务管理文件材料**	
15.1	企业接待工作计划、方案，重要来宾有关的照片、录音、录像、题词、讲话、批示等	
15.1.1	重要的	永久
15.1.2	一般的	30年
15.2	职工住房管理文件材料	
15.2.1	住房管理制度、办法，制度改革方案等文件材料	永久
15.2.2	住房购置、建造、调配等权属获取、变更文件材料	永久
15.2.3	住房维修装修管理、使用等文件材料	30年
15.3	公共关系、新闻宣传工作文件材料	
15.3.1	公共关系、新闻宣传工作制度、规定、办法等文件材料	30年
15.3.2	公共关系、新闻宣传工作计划、总结	30年
15.3.3	集团公司有关公共关系、新闻宣传工作的指示、通知	30年
15.3.4	子集团、直管单位有关公共关系、新闻宣传工作的请示与集团公司的批复	10年

续表

序号	归 档 范 围	保管期限
15.4	企业文化建设工作文件材料	
15.4.1	集团公司企业文化建设纲要、企业文化建设总体规划和年度计划、年度课题研究计划	30 年
15.4.2	集团公司企业文件推广工作文件材料	10 年
15.5	企业纪念、庆典活动文件材料	
15.5.1	重大的	永久
15.5.2	一般的	30 年
15.6	政策研究工作文件材料	
15.6.1	政策研究工作规章、制度、办法、计划、总结等文件材料	30 年
15.6.2	政策研究工作文件材料	
15.6.2.1	研究报告、调研报告	30 年
15.6.2.2	调研选题、研究、咨询过程文件材料	10 年
16	**各种非纸质载体、介质及实物形式的文件材料**	
16.1	无法输出纸质的或无纸质的二维、三维、数据库类电子文件	
16.1.1	重要的	永久
16.1.2	一般的	30 年
16.2	各种有保存价值的实物	
16.2.1	重要的	永久
16.2.2	一般的	30 年
16.3	其他各种非纸质载体、介质文件材料	
16.3.1	重要的	永久
16.3.2	一般的	30 年

附 录 E

中国中信集团公司总部管理类文件材料归档范围和档案保管期限表（草案）

序号	归 档 范 围	保管期限
1	董事会办公室	
1.1	综合管理与秘书一处	
1.1.1	董事会、股东代表大会会议形成的文件材料	
1.1.1.1	会议通知、议程、报告、决议、决定、记录、领导讲话、总结、纪要、讨论通过的文件材料、参加人员名单、录音、录像、照片等	永久
1.1.1.2	讨论未通过的文件材料	10 年
1.1.2	董事名册、股东名册	永久
1.1.3	股东大会、董事会决议执行情况跟踪记录，股东大会、董事会决议执行情况报告	永久
1.1.4	董事会办公室向集团董事会及经营班子请示、报告及董事会及经营班子的批示、批复	
1.1.4.1	涉及资本、利润分配、章程修订等重大事项的	永久
1.1.4.2	有批示的一般事项，无批示的重要事项	30 年
1.1.4.3	无领导批示的一般事项	10 年
1.1.5	与董事沟通、联络的函、电话记录、电子邮件等	30 年
1.1.6	与集团法律顾问、审计师等中介机构业务往来的函、电话记录、电子邮件等	30 年
1.1.7	内部调研报告	10 年
1.1.8	外界（监管机构、新闻媒体等）与集团业务相关的信息资料	30 年

续表

序号	归档范围	保管期限
1.1.9	本部门年度工作总结	永久
1.2	综合管理与秘书二处	
1.2.1	监事会会议的文件材料	
1.2.1.1	会议通知、议程、报告、决议、决定、记录、领导讲话、总结、纪要、讨论通过的文件材料、参加人员名单	永久
1.2.1.2	讨论未通过的文件材料	10年
1.2.1.3	监事名册	永久
1.2.1.4	财务检查通知书、检查报告及反馈意见	30年
1.2.1.5	监事会决议执行情况跟踪记录，监事会决议执行情况报告	10年
1.2.1.6	内部调研报告	10年
1.3	公司治理规划处	
1.3.1	集团章程、股东大会议事规则、董事会议事规则、监事会议事规则等制定及修改文件材料	永久
1.3.2	董事会各专门委员会工作制度、股东大会对董事会授权管理制度、董事会对高级管理层的授权管理制度、董事会秘书工作制度等公司治理文件材料	永久
1.3.3	公司治理结构与企业管治的前瞻性研究报告	30年
1.3.4	集团公司治理结构运行状况的监测、评价报告和完善建议	10年
1.3.5	集团风险管理、内部控制、关联交易等方面的专业建议	10年
1.3.6	境内外法律顾问选聘及日常工作产生的文件材料	30年
1.3.7	境内外相关法律、法规、规章、规范性文件对公司治理、授权管理、规范运作影响分析报告	10年

续表

序号	归 档 范 围	保管期限
1.4	信息披露处	
1.4.1	信息披露工作管理办法、规程、操作细则等	永久
1.4.2	信息披露工作计划、方案	10年
1.4.3	定期报告、临时报告	永久
1.4.4	银行间市场信息披露文件材料及公告文件	永久
1.4.5	交易所市场信息披露文件材料及公告文件	永久
1.4.6	向境内外监管机构报送的信息披露文件	永久
1.5	投资者关系管理与资本市场处	
1.5.1	股票发行上市辅导和准备阶段形成的文件材料	
1.5.1.1	评估报告、审计报告、承销商出具的核查意见，股票发行上市辅导汇总报告、发行人律师意见书，律师工作报告、股东大会决议、董事会通过的资金运用方案决议、固定资产投资项目建议书、招股说明书及发行公告（含财务报告、赢利预测报告）	永久
1.5.1.2	与中介机构签订的上市辅导协议、尽职调查材料	30年
1.5.2	发行申请书、证监会核准文件材料、审核过程中提出的审核反馈意见	永久
1.5.3	股票发行申请报告及证券交易所的批复、发行方案、股票发行定价分析报告、路演推介文件材料	永久
1.5.4	上市推荐书、上市公告书、确定股票挂牌简称的函	永久
1.5.5	股票首次发行过程中形成的其他文件材料	永久
1.5.6	股票增发、配股、红利分配文件材料	永久
1.5.7	增资扩股文件材料	永久
1.5.8	股东、股权登记、变更文件材料	永久

续表

序号	归 档 范 围	保管期限
1.5.9	公共关系管理工作制度、计划、总结等文件材料	30 年
1.5.10	公关活动文件材料	
1.5.10.1	记者招待会会议文件材料，新闻宣传通稿	30 年
1.5.10.2	涉及到集团发展事项的与外界媒体联络文件材料	30 年
1.5.10.3	仅涉及个别事项的与外界媒体联络文件材料	10 年
1.5.11	与投资者日常沟通、联络的计划、请示、报告、总结、接待通知、录音、录像等有参考价值的文件材料	
1.5.11.1	与重要投资者沟通、联络的文件材料	30
1.5.11.2	与中、小投资者沟通、联络的文件材料	10 年
1.5.12	危机管理文件材料	
1.5.12.1	危机处理程序	30 年
1.5.12.2	涉及到集团发展的危机处理文件材料	永久
1.5.12.3	仅涉及到集团一般事务危机处理文件材料	30 年
1.5.13	内部企业转让、产权完善、资产处置文件材料	永久
1.5.14	集团公司资本运作方案（包括资本管理、股权投资、业务重组、收购兼并、股权融资、债务融资等）	永久
1.5.15	专题研究报告	10 年
2	**办公厅（党委办公室）**	
2.1	秘书处	
2.1.1	总经理办公会、专题会议记录、纪要、决议等文件材料	永久
2.1.2	集团年度工作会议文件材料	
2.1.2.1	请示、批复、通知、名单、日程、报告、讲话、总结、纪要、媒体宣传报道、录音、录像、照片	永久
2.1.2.2	代表发言、经验交流文件材料、简报	30 年

续表

序号	归 档 范 围	保管期限
2.1.3	党和国家领导人对集团的题词、讲话、指示、批示等	永久
2.1.4	有关机关和上级主管部门领导、社会知名人士检查、视察、调研本企业工作时形成的文件、工作汇报、录音、录像等文件材料	
2.1.4.1	副部级（含）以上领导干部的	永久
2.1.4.2	副部级以下、处级以上领导干部及社会知名人士	30 年
2.1.4.3	处级（含）以下	10 年
2.1.5	集团制发的文件	
2.1.5.1	集团向上级机关的请示、报告及上级的批复、批示文件	永久
2.1.5.2	集团下发的决议、决定、规定、条例及重大事项的通知、批复等文件	永久
2.1.5.3	集团与有关单位业务联系的函件	30 年
2.1.5.4	一般会议的通知，一般事务性文件	10 年
2.1.6	办公厅制发的文件	
2.1.6.1	制发的有关印章管理、公文管理、会议、督办催办、值班、重大突发事件报告、人大、政协提案、建议办理等方面的制度、办法、规定等文件	永久
2.1.6.2	检查通知、情况报告等文件	30 年
2.1.6.3	一般性通知等文件	10 年
2.1.7	办公厅日常事务性工作向集团领导的请示、报告及集团领导的批复、批示	30 年
2.1.8	董事长授权书（签署并递交有关文件）	30 年
2.1.9	印章使用登记表、收文登记表	永久
2.1.10	每日动态、大事记、机构沿革等材料	永久

续表

序号	归 档 范 围	保管期限
2.1.11	办公厅年度工作计划	30 年
2.1.12	办公厅年度工作总结	永久
2.1.13	办公厅工作简报、情况反映、工作信息等	10 年
2.1.14	集团发表的公告、签订的协议、合同、备忘录，重要的会谈记录、纪要等	
2.1.14.1	土地开发、捐赠等方面的文件材料	永久
2.1.14.2	一般合作的框架协议等文件材料	30 年
2.1.15	重要值班电话记录、经办的突发事件和重要事项的有关材料	30 年
2.1.16	员工参加区以上人大、政协代表参选文件	永久
2.1.17	员工参加区以上人大、政协代表会议文件	30 年
2.1.18	办理人大代表建议、政协委员提案的文件材料	
2.1.18.1	主办重要的	永久
2.1.18.2	主办一般的、协办重要的	30 年
2.1.18.3	协办一般的	10 年
2.2	文档处	
2.2.1	收到的中央、国务院及各部委等相关机构制发的文件材料	
2.2.1.1	涉及集团经营管理重要事项和其他重要事项的文件材料	永久
2.2.1.2	与集团经营管理等工作有关的一般性文件材料	30 年
2.2.1.3	办理的上级普发性文件	10 年
2.2.2	机要、档案、保密工作文件材料	
2.2.2.1	机要、档案、保密工作制度、规定、办法、总结等文件材料	永久
2.2.2.2	机要、档案、保密工作规划、计划文件材料	30 年

续表

序号	归 档 范 围	保管期限
2.2.2.3	档案开发、编研成果，档案移交清单、销毁清册	永久
2.2.2.4	档案统计年报、档案借阅、复印审批单等	30 年
2.2.2.5	保密资格认证方案、申请、审查、批准文件材料	永久
2.2.2.6	保密工作检查方案、通知、结论、通报等文件材料	30 年
2.2.3	办公室主任及文秘人员培训文件材料	10 年
2.2.4	办理企业法人营业执照、组织机构代码证注册登记、变更、年检等事宜的文件及核准材料等	永久
2.2.5	有保存价值的实物	
2.2.5.1	集团各部门、子公司作废的印章	永久
2.2.5.2	各种评比和表彰活动的奖杯、奖状、奖牌、奖章、锦旗、荣誉证书等	永久
2.3	公关处	
2.3.1	外事活动接待工作计划、方案，重要来宾有关的照片、录音、录像、题词、讲话、批示等	
2.3.1.1	外国政要、元首等来访的文件材料	永久
2.3.1.2	国际知名公司总裁、董事长等来访的文件材料	30 年
2.3.2	承办的大型展览会、博览会、论坛、学术会议、国际性会议的文件材料	
2.3.2.1	请示、批复、申办和筹办组委会组建文件材料、主要活动安排、议程、名单、主报告（原文及译文）、辅助报告（原文及译文），领导人贺词、题词、讲话，会徽设计、新闻报道	永久
2.3.2.2	代表发言、经验交流、简报	30 年
2.3.2.3	委员会和学术会议的讨论记录，会议代表登记表、接待安排	30 年

续表

序号	归 档 范 围	保管期限
2.3.3	集团对外发布重大事件和处理负面事件的文件材料	永久
2.3.4	集团对外宣传的文件材料和新闻媒体对集团重要活动、重大事件、典型人物的宣传报道（录音、录像、照片等）	永久
2.3.5	集团纪念、庆典活动文件材料	
2.3.5.1	通知、领导讲话、活动安排、参加人员名单、录音、录像、照片等	永久
2.3.5.2	策划方案、背景资料等	30 年
2.3.6	年报、纪念画册等	永久
2.3.7	与集团海外代表处往来文件	30 年
2.4	行政处	
2.4.1	制发的有关房屋、车辆、物资、办公设备、固定资产、礼品等管理工作方面的制度、办法、规定	永久
2.4.2	住房分配、出售、出租工作文件材料	永久
2.4.3	职工承租、购置企业房产的合同、协议和有关手续	永久
2.4.4	对下属企业房管、房改、售房的批复、批示等文件材料	永久
2.4.5	办公用房、装修施工的预算审核和招标组织工作文件材料	30 年
2.4.6	固定资产及办公用品、办公家具、办公设备、礼品等购置与管理文件材料	30 年
2.4.7	公务车辆管理文件材料	30 年
2.5	财务处	
2.5.1	制发的有关差旅、宴请等规章制度、管理办法	永久
2.5.2	各职能部门年度费用、资本性支出预算及批复	30 年

续表

序号	归档范围	保管期限
2.5.3	大额资金（5000 元以上）使用管理文件	30 年
2.6	保卫处	
2.6.1	安全保卫（含集体户口）、综合治理、消防管理工作规章制度、总结	永久
2.6.2	安全保卫（含集体户口）、综合治理、消防管理工作的通知、通报及安全检查、调研记录等文件材料	30 年
2.6.3	安全预案	10 年
2.7	医务处	
2.7.1	职工医疗保险报销规章制度	永久
2.7.2	职工体检、医疗保健方面的文件材料	10 年
2.7.3	计划生育、独生子女管理等文件材料	30 年
2.8	社会公益办公室	
2.8.1	援藏、扶贫、绿化等社会公益事业工作规划和年度计划	30 年
2.8.2	援藏、扶贫、绿化等社会公益事业年度项目计划和资金预算文件材料	永久
2.8.3	去定点单位考察、调研与接待工作文件材料	30 年
2.8.4	慈善、捐赠、赈灾事务文件材料	永久
2.8.5	集团社会责任报告书、年度工作总结	永久
3	**战略与计划部**	
3.1	管理处	
3.1.1	投资、经营管理的规章制度、管理办法、工作标准等	永久
3.1.2	策划、组织、承办的计划工作会议、海外工作会议、主要项目评审会议的文件材料	
3.1.2.1	请示、批复、议程、名单、报告、领导讲话等	永久

续表

序号	归 档 范 围	保管期限
3.1.2.2	代表发言材料、交流材料、简报	30 年
3.1.2.3	分组讨论记录，会议代表登记表、接待安排	10 年
3.1.3	制定的战略发展规划、经营计划	
3.1.3.1	集团中长期发展战略规划、纲要，重要的生产经营决策文件材料	永久
3.1.3.2	集团年度经营计划、任务目标	30 年
3.1.3.3	集团季度经营情况分析	10 年
3.1.4	对下属企业年度经营计划的批复	永久
3.1.5	下属企业的请示及集团的批复等文件材料	永久
3.1.6	下属企业的报告、报表等文件材料	10 年
3.1.7	境内、外投资文件材料	
3.1.7.1	投资企业董事会、股东会文件材料、投资企业的财务报告、红利分配文件材料，股权证、转让协议等股权管理文件材料	永久
3.1.7.2	在并购、参股、股权受让、基金业务及债权型投资等投资业务中形成的其他文件材料	永久
3.1.7.3	对所属境外企业和资产管理的相关文件材料	永久
3.1.8	签署的战略合作协议等文件	30 年
3.1.9	安全生产工作文件材料	
3.1.9.1	管理制度、办法、总结，自然灾害、生产安全事故抢救、调查、处理文件材料	永久
3.1.9.2	情况通报、会议记录、安全体系建设文件材料等	30 年
3.1.9.3	应急预案	10 年
3.1.10	进出口配额管理、境外拓展等文件材料	30 年
3.1.11	与境外企业谈判、出国考察报告、会谈记录等文件材料	30 年
3.1.12	重大项目跟踪情况报告	30 年

续表

序号	归档范围	保管期限
3.1.13	对外经营权工程承包证书申领、年检等有关文件材料	30 年
3.1.14	下属企业经营绩效考核与薪酬管理责任书	永久
3.1.15	就战略与计划事务性工作向集团领导的请示、报告及集团领导的批复、批示	30 年
3.2	计划统计处	
3.2.1	编制的各种统计报表等材料	
3.2.1.1	年度及年度以上的	永久
3.2.1.2	年度以下的	30 年
3.2.2	统计证申领、变更、年检等文件材料	30 年
3.2.3	计划、统计工作的通知、通报、请示、报告、批复、意见、建议等	30 年
3.2.4	战略与计划部年度工作总结	永久
3.3	公司发展研究室	
3.3.1	发展研究项目立项、研究、评审验收形成的报告、总结、方案等文件材料	永久
3.3.2	《中信发展研究》组稿、审批、签发文件材料	10 年
3.3.3	就发展与研究事务性工作向集团领导的请示、报告及集团领导的批复、批示	30 年
3.3.4	民间团体、学术组织、协会工作中形成的文件材料	
3.3.4.1	团体、组织、协会设置、变更、撤销等形成的请示、批复、章程等	永久
3.3.4.2	团体、组织、协会活动过程形成文件材料	10 年
4	**财务部**	
4.1	办公室	
4.1.1	制订的财务管理制度，规定、办法等文件材料	永久

续表

序号	归档范围	保管期限
4.1.2	财务工作会议文件材料	30年
4.1.3	财务工作年度工作总结	永久
4.1.4	就财务管理工作向集团领导的请示、报告及集团领导的批复、批示	30年
4.2	融资处	
4.2.1	债务融资、股权融资文件材料	永久
4.2.2	与主承销商、评级机构、律师事务所、会计师事务所等中介机构关于融资工作往来文件	
4.2.2.1	募集说明书、评级报告、律师工作报告、法律意见书、发行计划和公告等文件	永久
4.2.2.2	沟通和协调工作的函	10年
4.2.3	下属企业提交的融资及担保的文件材料	永久
4.2.4	发放股东贷款、担保的文件材料	永久
4.2.5	外汇资金划转的请示及批复文件	30年
4.2.6	境外投资企业联合年检文件	30年
4.2.7	信用评级等文件材料	永久
4.3	会计处	
4.3.1	年度财务报告、审计报告	永久
4.3.2	年度《金融企业绩效评价表》	30年
4.3.3	年度《金融企业国有资产保值增值表》	30年
4.3.4	海外代表处年度财务决算批复	30年
4.3.5	年度财务决算布置文件	10年
4.3.6	与会计师事务往来文件	永久
4.4	税务处	
4.4.1	集团税务登记证申请、变更等相关文件材料	永久
4.4.2	集团各项税款缴纳、减免、返还等工作文件材料	永久

续表

序号	归 档 范 围	保管期限
4.4.3	集团企业所得税汇算清缴报告	30 年
4.5	资金管理处	
4.5.1	与银行、信托、证券等金融机构进行金融交易和资金运用的文件材料	永久
4.5.2	发放贷款的文件材料	永久
4.5.3	集团中长期资金计划	10 年
4.6	清算处	
4.6.1	开立银行账户的相关文件材料	永久
4.6.2	关闭银行账户的相关文件材料	30 年
4.6.3	资金清算业务、收付业务的相关文件材料	永久
4.7	财务计划处	
4.7.1	财务负责人委派和任职的文件材料	永久
4.7.2	办理集团国有资产产权登记、变更的文件材料	永久
4.7.3	对下属子公司资本变动、股权转让的批复文件	永久
4.7.4	资产评估文件材料	永久
4.7.5	利润分配文件材料	30 年
4.7.6	向财政部申请专项补助的请示文件	永久
4.7.7	年度国有资产经营报告书	永久
5	**人事教育部（党委组织部）**	
5.1	信息签证处	
5.1.1	制发的有关外事管理规定、信息签证相关制度等文件材料	永久
5.1.2	出访、考察、参加国际会议等外事活动审批文件材料	永久
5.1.3	失效的因公护照	10 年
5.1.4	人事工作会议文件材料	30 年
5.1.5	组织人事工作简报	10 年

续表

序号	归 档 范 围	保管期限
5.1.6	统计报表	永久
5.1.7	人事教育部年度工作总结	永久
5.1.8	就人事教育工作向集团领导的请示、报告及集团领导的批复、批示	永久
5.2	规划与配置处	
5.2.1	人力资源规划与配置相关制度文件材料	永久
5.2.2	人力资源战略、中长期规划和年度计划	10 年
5.2.3	内部机构设置、撤并、名称更改、岗位职能、人员编制、职工名册等有关文件	永久
5.2.4	干部、职工的招聘录用（复转军人安置）、转正等方面的文件材料	永久
5.2.5	助理以下人员交流（轮岗）、工作调动、离职、离退休等方面的文件材料	永久
5.2.6	企业签订的劳动合同	
5.2.6.1	一年以上的中长期合同	永久
5.2.6.2	一年以下（含）短期合同	30 年
5.2.7	劳资纠纷、仲裁方面的文件材料	永久
5.3	任免处	
5.3.1	奖惩、任免规章制度文件材料	永久
5.3.2	干部和职工的任免等方面文件材料	永久
5.3.3	助理以上人员工作调动、离职、离退休等方面的文件材料	永久
5.3.4	职工奖励文件材料	
5.3.4.1	集团及省部级（含）以上政府表彰、奖励	永久
5.3.4.2	其他表彰、奖励的	30 年
5.3.5	职工处分文件材料	永久

续表

序号	归档范围	保管期限
5.4	薪酬管理处	
5.4.1	薪酬管理委员会有关文件材料	30年
5.4.2	薪酬管理制度	永久
5.4.3	职工薪酬、待遇等劳动人事管理文件材料	永久
5.4.4	职工参加社会保障、医疗保险、商业保险、劳动保护、职业安全等文件材料	永久
5.4.5	职工住房公积金办理文件材料	
5.4.5.1	住房公积金首次办理、注销、信息变更登记表，预留印鉴卡	永久
5.4.5.2	住房公积金汇缴变更清册、汇缴书（转账支票、现金方式汇缴）、住房公积金汇缴（跨年）清册，单位汇款缴存公积金备案表通过银行汇款方式汇缴、委托银行收款缴交住房公积金协议（委托银行收款方式汇缴）、特约委托收款付款授权书（委托银行收款方式汇缴）、住房公积金汇缴书（支取住房基金汇缴）	永久
5.4.5.3	住房公积金补缴、缓缴申请书、补缴清册及补缴说明	永久
5.4.5.4	住房公积金提取申请书及提取清册、个人信息变更申请书、住房公积金转移申请书	永久
5.4.6	劳资纠纷、仲裁方面的文件	永久
5.5	教育处	
5.5.1	教育工作相关制度、计划等文件材料	30年
5.5.2	年度教育培训工作总结	永久
5.5.3	举办各类培训班及出国留学文件材料	
5.5.3.1	请示、批复、学员签到表	永久
5.5.3.2	通知、课程安排等	10年

续表

序号	归 档 范 围	保管期限
5.5.4	培训大纲、培训经费的年度预算	30年
5.5.5	关于专业技术职称、职务评聘工作的文件材料	永久
5.6	**培训中心**	
5.6.1	培训管理制度	永久
5.6.2	知识管理体系	10年
5.6.3	培训课程开发方案	10年
6	**风险管理部**	
6.1	风险管理制度、办法、规定等文件材料	永久
6.2	风险管理委员会形成的有关文件材料	
6.2.1	会议记录、纪要、决议、决定等文件	永久
6.2.2	会议通知	10年
6.3	独立风险识别清单、评估报告、应对计划、应对评估报告、残余风险评估报告等文件材料	
6.3.1	重大风险的	永久
6.3.2	中等以下风险的	30年
6.4	检查集团下属企业风险管理工作的报告	10年
6.5	风险管理部年度工作总结	永久
6.6	就风险管理工作向集团领导的请示、报告及集团领导的批复、批示	30年
7	**业务协同部**	
7.1	业务协同工作的规章、制度、办法等文件材料	永久
7.2	与国家部委、各级地方政府、国内外企业签署的战略合作协议、框架协议等文件材料	30年
7.3	对下属企业和外单位下发的通知、通报、函等文件	30年
7.4	业务协同简报、会议纪要等文件材料	30年
7.5	集团领导交协同部处理的事项及处理结果	30年

续表

序号	归 档 范 围	保管期限
7.6	下属企业和外单位提交的业务协同需求（请示、报告、通知、函、电话记录、会议纪要、电子邮件等）及协同部的批示、批复、复函、处理结果等相关文件	30年
7.7	下属企业协同业务统计报表、统计报告等文件材料	10年
7.8	主办的培训会、业务推进会、交流会、研讨会、表彰会等活动形成文件材料	30年
7.9	部门牵头推进的合作项目文件材料	30年
7.10	与战略客户的日常业务合作文件材料，包括战略客户基本情况、签约文件、业务合作推进等文件材料	30年
7.11	地区业务协同联席会议文件材料，包括成员单位、组织架构、章程、议事规则、会议记录、工作情况报告等	30年
7.12	对外宣传文件材料	30年
7.13	就业务协同工作向集团领导的请示、报告及集团领导的批复、批示	30年
8	**监察部**	
8.1	综合处（纪委办公室）	
8.1.1	纪律检查委员会形成的会议纪要、决定	永久
8.1.2	制发的有关纪检监察工作的制度、办法、规定等文件材料	永久
8.1.3	纪检监察工作的请示、报告和上级的批复	永久
8.1.4	关于纪检监察工作的通知、通报、工作简报等文件材料	30年
8.1.5	对下属企业纪检监察工作的批复及指导性意见	30年
8.1.6	纪检与监察工作统计报表	30年

续表

序号	归 档 范 围	保管期限
8.1.7	转发上级单位有关纪检监察工作的文件材料	10 年
8.1.8	人民群众来信等文件材料	
8.1.8.1	有领导重要批示和处理结果的	永久
8.1.8.2	无处理结果的	10 年
8.1.9	年度纪检监察（廉政）工作会议文件材料	30 年
8.1.10	年度纪检监察（廉政）工作计划	10 年
8.1.11	年度纪检监察（廉政）工作的总结	永久
8.1.12	就监察工作向集团领导的请示、报告及集团领导的批复、批示	30 年
8.2	案件检查处	
8.2.1	违纪案件立案报告、调查依据、审查结论、处理意见等文件材料	
8.2.1.1	中纪委交办、转办的重大案件、数额较大的贪污、索贿受贿、非法所得、挪用公款案件，因违法违纪造成重大经济损失或严重后果的案件	永久
8.2.1.2	数额较小的贪污、索贿受贿、非法所得、挪用公款案件，因失职未造成重大经济损失或严重后果的案件	30 年
8.2.2	有关人员的处分材料	永久
8.3	教育审理处	
8.3.1	党风廉政反腐工作文件材料	永久
8.3.2	纪检监察业务培训方案	10 年
8.3.3	纪检监察工作人员培训班文件材料	10 年
8.3.4	开展宣传教育活动文件材料	10 年
8.4	效能监察处	
8.4.1	效能监察工作相关制度规定和配套措施	永久
8.4.2	效能监察实施方案、通知、工作底稿、报告、建议书、问题整改报告等文件材料	30 年

续表

序号	归 档 范 围	保管期限
8.4.3	“三重一大”决策制度的贯彻落实情况报告	30年
8.4.4	“三重一大”效能监察立项报告表	30年
9	**法律部**	
9.1	制发的有关法律事务工作规章、制度、办法等	永久
9.2	重大项目合同审核相关文件材料	永久
9.3	法院判决书、调解书等诉讼和仲裁文件材料	永久
9.4	一般法律事务工作文件材料	30年
9.5	案件、纠纷、行政处罚、复议文件材料及公证事务中形成的文件材料	永久
9.6	中信商标权、专利权、著作权、计算机软件、商业秘密、技术诀窍等知识产权申请、审批、登记、运用、保护和管理中产生的文件材料	永久
9.7	普法工作文件材料	
9.7.1	五年普法工作规划	永久
9.7.2	法律宣传教育规划、工作要点等文件材料	30年
9.8	法律尽职调查文件材料	30年
9.9	与律师事务所、公证处等中介机构往来文件材料	30年
9.10	回复有关单位征求意见函及反馈意见等文件材料	30年
9.11	法律工作动态	30年
9.12	法律工作会议文件材料	30年
9.13	法律部年度工作总结	永久
9.14	就法律工作向集团领导的请示、报告及集团领导的批复、批示	30年

续表

序号	归档范围	保管期限
10	**稽核审计部**	
10.1	审计管理处	
10.1.1	国家审计署及派出机构对集团的审计意见、审计报告及批复等文件材料	永久
10.1.2	向子公司下达的年度审计工作指导意见	永久
10.1.3	制订的有关稽核审计工作的规章、制度、办法、规范、指引等文件材料	永久
10.1.4	集团稽核审计工作会议记录、纪要、请示、报告、领导讲话等文件材料	30年
10.1.5	审计工作简报	10年
10.1.6	对下属单位内审机构审计调研和业务指导形成的文件材料	永久
10.1.7	对集团内审人员的后续教育和专业培训、业务交流等文件材料	
10.1.7.1	请示、预算、通知、培训课件购置协议等文件材料	30年
10.1.7.2	业务交流材料等文件材料	10年
10.1.8	对子公司年度审计工作考评形成的文件材料	
10.1.8.1	请示、通知、报告、批复等文件材料	永久
10.1.8.2	子公司自评资料、现场检查形成的工作底稿等文件材料	30年
10.1.9	年度稽核审计工作总结	永久
10.1.10	就稽核审计工作向集团领导的请示、报告及集团领导的批复、批示	30年
10.2	业务处	
10.2.1	对下属企业实施常规的全面审计、后续审计、专项审计及审计检查形成的文件材料	

续表

序号	归 档 范 围	保管期限
10.2.1.1	审计报告、意见、请示、批复、子公司回复意见、整改方案等重要材料	永久
10.2.1.2	审计人员实施检查编制和索取的底稿资料、被审计单位提供的备查资料等	30年
10.2.2	子公司领导人员离任和任中经济责任审计形成的审计通知、报告、请示、批复、意见回复及审计检查底稿等文件材料	永久
10.2.3	配合纪检、监察、巡视等部门开展的专项检查和专案调查形成的文件材料	永久
11	**管理信息部**	
11.1	管理信息部制定的制度、办法、规定和标准规范等文件材料	永久
11.2	信息化建设项目工作中的有关请示、立项报告、合同、技术方案和验收报告等文件材料	永久
11.3	集团和子公司信息化规划文稿	30年
11.4	子公司年度信息化工作任务（计划）书	10年
11.5	职能部门和子公司年度信息化考核评价报告	30年
11.6	与外包服务商、下属子公司签署的合作协议等文件	30年
11.7	网络、应用系统和信息安全应急预案	30年
11.8	ICP网站年检材料	10年
11.9	信息化简报、中信舆情、外部媒体报道	10年
11.10	集团应用系统和企业网络运行维护文件材料	10年
11.11	集团和子公司信息化基础文件材料	30年
11.12	管理信息部年度工作总结	永久
11.13	就管理信息化工作向集团领导的请示、报告及集团领导的批复、批示	30年

续表

序号	归 档 范 围	保管期限
12	**离退休管理部**	
12.1	管理一处	
12.1.1	集团总部离退休、治丧、抚恤、保险理赔等方面的规章、制度、办法等文件材料	永久
12.1.2	办理集团总部人员离退休、治丧、抚恤、保险理赔等方面的原始凭证	永久
12.1.3	组织开展春秋游、健康疗养活动的文件材料	10 年
12.1.4	离退休管理部年度工作总结	永久
12.1.5	就离退休工作向集团领导的请示、报告及集团领导的批复、批示	30 年
12.2	管理二处	
12.2.1	下属企业离退休人员管理、处理有关事宜的文件材料	永久
12.2.2	离退休工作情况交流	10 年
13	**党委办公室**	
13.1	集团党委会会议纪要、会议记录、中心组学习材料、民主生活会记录	永久
13.2	集团党委制发的文件材料	
13.2.1	集团党委向上级的请示、报告及上级的批复、批示文件材料	永久
13.2.2	集团党委下发的决议、决定、规定、条例及重大事项的通知、批复等文件材料	永久
13.2.3	一般事务性通知	30 年
14	**党务工作部（直属机关党委、企业文化部）**	
14.1	部门秘书	
14.1.1	工作简报、学习参考资料等一般文件材料	10 年
14.1.2	年度工作要点	30 年
14.1.3	党务工作部年度工作总结	永久

续表

序号	归 档 范 围	保管期限
14.1.4	就党务工作向直属机关党委领导的请示、报告及领导的批复、批示	30 年
14.2	组织处	
14.2.1	党员代表大会会议文件材料	
14.2.1.1	请示、批复、通知、名单、议程、报告、领导讲话、选举结果、会议记录、讨论通过的文件、决议、纪要等文件材料	永久
14.2.1.2	筹备工作、选举工作中形成的文件材料，小组会议记录、会务工作安排、总结等文件材料	30 年
14.2.1.3	讨论未通过的文件材料	10 年
14.2.2	党员干部考察、考核、任免、政审决定等	永久
14.2.3	入党、转正、退党、转入、转出等决定及党员名册，党组织关系的介绍信及存根	永久
14.2.4	党委组织工作规章制度	永久
14.2.5	党群机构设置、调整、人员编制等方面决定及通知	永久
14.2.6	党费收支文件材料	永久
14.2.7	党员学习教育等重要专项活动形成的文件材料	
14.2.7.1	专项活动领导小组及其办公室机构设置、实施方案、动员讲话、整改方案、工作总结等	永久
14.2.7.2	阶段性工作安排、领导讲话、“回头看”实施方案、典型材料、民主生活会记录、情况报告	30 年
14.2.7.3	党员党性分析、个人整改措施，工作简报、理论学习体会、汇报材料，上级下发、下级报送的有关专项活动的重要文件材料	10 年
14.2.8	党员统计年报	永久
14.2.9	统战工作文件材料	

续表

序号	归 档 范 围	保管期限
14.2.9.1	民主党派基层组织的工作文件材料	永久
14.2.9.2	民主党派登记表	永久
14.2.9.3	民主党派座谈会、新春茶话会文件材料	10 年
14.2.9.4	民主党派组织和人士的反馈意见	10 年
14.3	**宣传处**	
14.3.1	工作计划、报告、会议纪要、调研成果、精神文明建设方面文件材料	30 年
14.3.2	企业文化手册	永久
14.3.3	企业文化建设其他文件材料	30 年
14.3.4	纪念、庆典活动等文件材料	永久
14.3.5	编辑出版的图书、纪念画册样本与定稿	永久
14.4	共青团工作	
14.4.1	共青团工作规章制度	永久
14.4.2	共青团代表大会的请示、批复、批示、通知、名单、议程、报告、领导讲话、选举结果、讨论通过的文件材料等	永久
14.4.3	共青团组织建设、团员管理文件材料	
14.4.3.1	涉及组织成立、调整、撤销事项和团员发展、转正、退团、转入、转出、表彰、处分事项文件材料	永久
14.4.3.2	其他事项	30 年
14.4.4	专项活动及会议的相关文件材料	30 年
14.4.5	团员统计、团费管理等文件材料	永久
15	**党委巡视工作领导小组办公室**	
15.1	转发中央巡视机构的文件材料	10 年
15.2	制发的有关巡视工作的制度、办法、规定等文件材料	永久

续表

序号	归 档 范 围	保管期限
15.3	关于巡视工作的请示、报告和上级单位的批复	永久
15.4	对下属企业巡视工作的批复及指导性文件材料	30年
15.5	巡视工作形成的会议纪要、决定	永久
15.6	关于巡视工作的通知、通报、工作计划、工作简报等文件	10年
15.7	年度巡视工作会议文件材料	30年
15.8	年度巡视工作总结	永久
15.9	就巡视工作向直属机关党委领导的请示、报告及领导的批复、批示	30年
16	**工会**	
16.1	办公室	
16.1.1	办理工会法人登记相关证照及变更登记文件材料	永久
16.1.2	职工代表大会文件材料	
16.1.2.1	请示、批复、批示、通知、名单、议程、报告、领导人讲话、选举结果、会议记录、讨论通过的文件、决议、纪要、公告等文件材料	永久
16.1.2.2	大会发言、交流、会议简报	10年
16.1.3	工会委员会、工会会员代表大会	
16.1.3.1	通知、议程、报告、决议、决定、记录、领导人讲话、总结、纪要、讨论通过的文件、参加人员名单	永久
16.1.3.2	讨论未通过的文件材料	10年
16.1.4	上级工会对工会工作的指示、决定、通知等	10年
16.1.5	工会工作请示、报告与上级工会的批示、批复、复函等	
16.1.5.1	涉及组织建设、会员管理的	永久
16.1.5.2	其他的	30年

续表

序号	归 档 范 围	保管期限
16.1.6	对基层工会组织的任免、批复	永久
16.1.7	工会会员名册、批准加入工会组织的文件材料	永久
16.1.8	工会会费与财务管理文件材料	30年
16.1.9	制定的规章制度	永久
16.1.10	表彰先进、职工维权的文件材料	永久
16.1.11	职工休假、健身方面的文件材料	30年
16.1.12	举办、参加的各种工作竞赛、文体活动的文件材料	
16.1.12.1	通知、情况报告、活动的影像等文件材料	30年
16.1.12.2	获得的奖杯、奖状、奖牌、奖章、锦旗、荣誉证书等	永久
16.1.13	年度工作计划	30年
16.1.14	工会工作的请示、报告及集团领导的批复、批示等文件材料	30年
16.1.15	工会工作简报	10年
16.1.16	工会年度工作总结	永久
16.2	女职工委员会	
16.2.1	女职工委员会大会文件材料	
16.2.1.1	请示、批复、批示、通知、名单、议程、报告、领导人讲话、选举结果、会议记录、讨论通过的文件、决议、纪要、公告等文件材料	永久
16.2.1.2	大会发言、交流、会议简报	10年
16.2.2	文体活动、计划生育等文件材料	30年

附 录 L

金融业务文件材料归档范围与档案保管期限参考表[注1]

（一）商业银行负债业务档案保管期限参考表

序号	基 本 范 围	保管期限	
		短期业务	长期业务
1	**机构负债业务**		
1.1	客户基础文件材料		
1.1.1	机构法人登记证（经年检的复印件）	5年	20年
1.1.2	法定代表人身份证明（复印件）	5年	20年
1.1.3	年检合格的税务登记证（复印件）	5年	20年
1.1.4	法人机构代码证（复印件）	5年	20年
1.1.5	公司章程（复印件）	5年	20年
1.1.6	会计事务所出具的验资报告（复印件）	5年	20年
1.1.7	机构合法成立的批文（复印件）	5年	20年
1.1.8	预留印鉴式样	5年	20年
1.1.9	董事会成员和主要负责人、财务负责人名单和签字样本	5年	20年

[注1] 附录L中（一）、（二）、（三）、（四）、（五）、（六）表为国家档案局经科司在业务指导过程中根据有关金融企业制定的业务文件总结提练而成，尚未达到规范性文件和标准规范的要求，仅供各档案行政管理部门、各企业在实施过程中参考借鉴，不作为监督指导的依据。（七）保险业务档案归档范围摘自1994年由当时的中国人民保险公司和国家档案局联合下发的《中国人民保险公司档案管理办法》（保发[1994]85号）文件，也仅供各企业参考。人身保险业务文件材料归档范围和档案保管期限参照《人身保险业务档案管理规范》（DA/T36－2007）实行。

续表

序号	基 本 范 围	保管期限
3.1.1	试制计划、方案、规程、报告	永久
3.1.2	工艺研究报告、工艺总体方案论证	永久
3.1.3	试制工艺流程、工艺标准	30年
3.1.4	试制工艺文件和工艺装备文件	30年
3.1.5	工艺评审报告	永久
3.1.6	试制运行记录、化验记录、试制过程纪要	30年
3.1.7	原材料与半成品、成品检验方法批准书	30年
3.1.8	理化分析报告、化学配方、化学反应式、计算公式	30年
3.1.9	技术标准协议、试制质量分析报告	30年
3.1.10	专题会议记录、纪要、合理化建议	30年
3.1.11	重大故障分析和排除措施报告	30年
3.1.12	试制总结报告	永久
3.2	试验	
3.2.1	试验计划、方案、规程	永久
3.2.2	试验所需仪器与设备清单	30年
3.2.3	试验分项目记录	30年
3.2.4	试验原始数据与材料	永久
3.2.5	试验分析报告	30年
3.2.6	试验总结报告	永久
3.3	鉴定	
3.3.1	鉴定申请报告及批复、试制、试验鉴定大纲、技术鉴定材料（申请批复、评价材料、会议纪要）	永久
3.3.2	成套设计文件、标准化审查报告、可靠性试验情况报告	30年
3.3.3	产品质量和技术经济分析报告	10年
3.3.4	设计定型报告、证书、鉴定验收书	永久
3.3.5	试用或试运行报告	30年

续表

序号	基本范围	保管期限
4	生产阶段	
4.1	小批生产	
4.1.1	小批生产方案、计划	30年
4.1.2	小批生产工序工程能力分析报告	30年
4.1.3	关键件、重要件、关键工序的质量控制及检测报告	30年
4.1.4	原料鉴定卡片、配用设计表	30年
4.1.5	历次更改与补充的设计及工艺文件和更改通知单	30年
4.1.6	小批生产总结报告、小批生产鉴定书	永久
4.1.7	产品设计评审报告、产品研制完成报告	30年
4.1.8	产品许可证、合格证、使用说明书、装箱单、产品介绍、样本	30年
4.2	批量生产	
4.2.1	申请正式投产报告、批复、通知	永久
4.2.2	生产技术规程、操作规程、安全生产规程、产品检验规范	永久
4.2.3	技术标准（国际标准、国家标准、行业标准、企业标准）	永久
4.2.4	企业标准编制说明、审批书及修改、修订的通知	永久
4.2.5	生产定型（结构、配方）设计文件	永久
4.2.6	工艺文件、工艺作业指导书、工艺说明书	30年
4.2.7	工艺装备文件、图样（刃具、夹具、量具、模具图）、说明书	30年
4.2.8	产品改进与更新建议书、合理化建议、QC成果	30年
4.2.9	产品质量技术攻关会议记录、纪要和成果	30年
4.2.10	重大质量事故分析、质量异议处理结果	30年
4.2.11	各种操作记录、产品检验报告单	30年

续表

序号	基 本 范 围	保管期限
4.2.12	产品特性重要度分级	30 年
4.2.13	技术条件	30 年
4.2.14	明细表、汇总表、产品目录	30 年
4.2.15	专利登记表、专利证书等材料	永久
4.2.16	商标注册材料	永久
5	**评优阶段**	
5.1	创优规划、措施、工艺操作规程	30 年
5.2	国内外对比材料	10 年
5.3	上级检（抽）查结果和理化分析报告	30 年
5.4	主要用户评价	10 年
5.5	创优申请、审批表	30 年
5.6	优质产品评定书、获奖奖章、奖状、证书	永久
6	**认证阶段**	
6.1	认证申请书、信函	30 年
6.2	跟踪服务材料	30 年
6.3	认证检测报告、检查报告	30 年
6.4	原材料修改换页说明	30 年
6.5	产品检验报告	永久
6.6	各种认证证书	永久

附 录 G

企业科研开发类档案保管期限参考表

序号	基 本 范 围	保管期限
1	**研究准备阶段**	
1.1	申报项目的报告、批复、通知	30年
1.2	科研规划、调研报告、可行性研究报告、技术咨询与课题认证材料	30年
1.3	课题说明书、科研课题、经费申请报告及批件	30年
1.4	任务书、协议书，会议记录及重要来往文函、合同	永久
1.5	科研课题研究计划、上级批示及有关课题的国内外动态、课题计划调整或课题撤销文件	30年
1.6	实验、试验方案、设计方案、调查考察方案、技术规程	永久
2	**研究试验与开发阶段**	
2.1	试验任务书、试验大纲	永久
2.2	实验、试验测试记录、图表、照片、计划执行情况、调整和撤销的报告	永久
2.3	试制综合分析报告及总结	永久
2.4	计算文件	永久
2.5	计算机软件（附带软件运行环境说明）	永久
2.6	检验文件	永久
2.7	设计文件、图样、技术说明、配方	永久
2.8	工艺文件	永久
3	**总结鉴定验收阶段**	
3.1	课题完成最终（或中断）总结	永久
3.2	课题阶段工作总结	30年

续表

序号	基本范围	保管期限
3.3	鉴定大纲	永久
3.4	技术经济分析报告	30年
3.5	标准化审查报告	永久
3.6	鉴定证书、科学技术成果鉴定证书	永久
3.7	鉴定会议记录（参加人员名单）、鉴定验收结论、函审原件	永久
4	**成果申报阶段**	
4.1	科技成果申报表、登记表及附件	永久

附 录 H

企业项目建设类档案保管期限参考表

序号	基 本 范 围	保管期限
1	**综合**	
1.1	建设项目管理制度、标准、方案、办法、规定等	30 年
1.2	建设项目发展规划、计划、报告、会议记录、纪要	永久
1.3	征、租用土地（单独项目的除外）申请、报告、批复、合同、协议、说明材料	永久
1.4	厂区平面图、地下管线图	永久
1.5	统计报表	30 年
2	**项目准备阶段**	
2.1	立项文件：项目建议书、项目建设书审批意见及前期工作通知书、可行性研究报告及附件、可行性研究报告审批意见、与立项有关的会议纪要、领导讲话、专家建议文件、调查资料及项目评估研究材料	永久
2.2	建设用地、征地、拆迁文件：选址申请及选址规划意见通知书，用地申请报告及县级以上人民政府城乡建设用地批准书、红线图，拆迁安置意见、协议、方案等，建设用地规划许可证及其附件，划拨建设用地文件，国有土地使用证，土地出让合同、土地有偿使用合同	永久
2.3	勘察、测绘、设计及审批文件	
2.3.1	工程地质勘察报告，水文地质勘察报告、自然条件、地震调查，申报的规划设计条件和规划设计条件通知书	永久

续表

序号	基 本 范 围	保管期限
2.3.2	初步设计图纸和说明、技术设计图纸和说明、审定设计方案通知书及审查意见	30 年
2.3.3	有关行政主管部门（人防、环保、节能、消防、交通、园林、市政、文物、通信、保密、河湖、教育、白蚁防治、卫生等）批准文件或取得的有关协议，政府有关部门对施工图设计文件的审批意见	永久
2.3.4	施工图及其说明、设计计算书	30 年
2.4	招投标文件与合同书	
2.4.1	勘察设计、施工及工程监理招投标中标文件	30 年
2.4.2	勘察设计、施工及工程监理招投标第一未中标文件	10 年
2.4.3	勘察设计、施工承包及监理委托合同	30 年
2.5	开工审批文件	
2.5.1	建设项目列入年度计划的申报文件、批复文件或年度计划项目表，规划审批申报表及报送的文件和图纸，建设项目规划许可证及其附件，建设项目开工审查表，建设项目施工许可证	永久
2.5.2	投资许可证、审计证明、缴纳绿化建设费等证明，工程质量监督	30 年
2.6	建设项目管理机构（项目经理部）、监理机构（项目监理部）、施工管理机构（施工项目经理部）及负责人名单	30 年
3	**项目建设阶段**	
3.1	项目管理文件	
3.1.1	规程、规范、标准、规划、方案、规定	30 年

续表

序号	基 本 范 围	保管期限
3.1.2	投资、进度、质量、安全、合同控制文件	30 年
3.1.3	投标书、资质材料、履约类保函、委托授权书和投标澄清文件、修正书	永久
3.1.4	合同谈判纪要、合同审批文件、合同书、合同变更文件	永久
3.1.5	环境保护、劳动安全、卫生、消防、人防	永久
3.1.6	水、暖、电、气、通信、排水等供应协议以及原料、材料、燃料供应协议	30 年
3.2	建筑、设备、管线、电气、仪表安装施工	
3.2.1	开工报告、工程技术要求、技术交底、图纸会审纪要	30 年
3.2.2	建筑与结构工程地基处理记录、图纸变更记录、工程质量事故处理记录、工程质量检验记录	永久
3.2.3	设计变更通知、工程更改洽商单、材料代用核定审批手续、技术核定单、业务联系单及备忘录	永久
3.2.4	施工定位测量、符合记录、地质勘探	永久
3.2.5	施工技术准备，施工现场准备，设计变更，洽商记录，原材料、成品、半成品、构配件、设备出厂质量合格证及试验报告，施工试验记录，施工记录	30 年
3.2.6	焊接试验记录、施工检验、探伤记录	10 年
3.2.7	隐蔽工程检查（验收）记录、工程质量检查评定记录、功能性试验记录	30 年
3.2.8	质量事故及处理记录、竣工测量资料	永久
3.2.9	交工验收记录证明、工程质量评定、竣工报告	永久
3.3	竣工图	永久

续表

序号	基 本 范 围	保管期限
3.4	监理文件	
3.4.1	监理规划、监理实施细则、监理部总控制计划、监理会议纪要	30 年
3.4.2	进度控制：工程开工/复工审批表、暂停令	30 年
3.4.3	质量控制、质量事故报告及处理意见	30 年
3.4.4	造价控制：设计变更、洽商费用报审与签认、工程竣工决算审核意见书	30 年
3.4.5	分包资质：分包单位、供货单位及试验等单位资质材料	30 年
3.4.6	监理通知：有关进度、质量及造价控制的监理通知	30 年
3.4.7	工程延期报告及审批、合同争议、违约报告及处理意见	永久
3.4.8	费用索赔报告及审批、合同变更材料	30 年
3.4.9	监理工作总结：专题总结、月报总结、工程竣工总结、质量评价意见报告	30 年
4	**项目竣工验收**	
4.1	工程竣工总结、工程概况表	永久
4.2	竣工验收记录：建筑安装工程竣工验收记录、证明书、报告、备案表，市政基础设施工程质量评定表及报验单，竣工验收证明书、报告、备案表	永久
4.3	财务决算及交付使用财产总表和财产明细表	永久
4.4	声像、缩微、电子档案	永久
5	**项目运行维护与更新改造**	30 年

附 录 I

企业设备仪器类档案保管期限参考表

序号	基 本 范 围	保管期限
1	综合	
1.1	设备管理条例、办法、方案、规定、通告等	30年
1.2	设备管理规划、计划、总结，设备运行管理文件，备品备件管理文件	10年
1.3	设备技术管理文件	30年
1.4	设备台账	永久
2	单台（套）设备仪器	
2.1	调研、考察材料；购买设备的申请、批复文件	30年
2.2	购置合同、协议	30年
2.3	洽谈记录、纪要、备忘录、来往函件及商检材料	30年
2.4	设备仪器开箱验收记录	30年
2.5	设备仪器合格证、装箱单、出厂保修单、说明书、环保材料等随机图样及文字材料	30年
2.6	设备仪器安装调试、试车记录、总结、竣工图样、检测验收等材料	30年
2.7	运行记录及重大事故分析处理报告	30年
2.8	设备仪器保养和大修计划、记录	30年
2.9	设备仪器检查记录、设备仪器履历表	30年
2.10	设备改造记录和总结材料	30年
2.11	技术、质量异议的处理结果材料	永久
2.12	设备仪器报废鉴定材料、申请、批复和处理结果	30年

附 录 J

企业会计业务类档案保管期限参考表

序号	基 本 范 围	保管期限
1	会计凭证类：原始凭证、记账凭证、汇总凭证	15 年
2	会计账簿类：总账、明细账、日记账、固定资产卡片、辅助账簿、银行账	15 年
3	财务报告类	
3.1	月、季度财务报告	3 年
3.2	年度财务报告（决算）	永久
4	其他类	
4.1	会计移交清册	15 年
4.2	会计档案保管清册、会计档案销毁清册	永久
4.3	银行余额调节表、银行对账单	5 年

附 录 K

企业职工管理类档案保管期限参考表

序号	基 本 范 围	保管期限
1	在岗职工	
1.1	履历材料	永久
1.2	自传材料	永久
1.3	鉴定、考核、考察材料	永久
1.4	评定岗位技能和学历材料	永久
1.5	政审材料	永久
1.6	参加党派材料	永久
1.7	奖励材料	永久
1.8	处分材料	永久
1.9	任免呈报表和工资、待遇审批材料	永久
1.10	其他可供组织参考有保存价值的材料	永久
1.11	技术职称或工种级别的确认材料	永久
2	退休职工	永久
3	离岗职工	永久
4	死亡职工	永久

附 录 L

金融业务文件材料归档范围与档案保管期限参考表[注1]

（一）商业银行负债业务档案保管期限参考表

序号	基 本 范 围	保管期限	
		短期业务	长期业务
1	**机构负债业务**		
1.1	客户基础文件材料		
1.1.1	机构法人登记证（经年检的复印件）	5年	20年
1.1.2	法定代表人身份证明（复印件）	5年	20年
1.1.3	年检合格的税务登记证（复印件）	5年	20年
1.1.4	法人机构代码证（复印件）	5年	20年
1.1.5	公司章程（复印件）	5年	20年
1.1.6	会计事务所出具的验资报告（复印件）	5年	20年
1.1.7	机构合法成立的批文（复印件）	5年	20年
1.1.8	预留印鉴式样	5年	20年
1.1.9	董事会成员和主要负责人、财务负责人名单和签字样本	5年	20年

[注1] 附录 L 中（一）、（二）、（三）、（四）、（五）、（六）表为国家档案局经科司在业务指导过程中根据有关金融企业制定的业务文件总结提练而成，尚未达到规范性文件和标准规范的要求，仅供各档案行政管理部门、各企业在实施过程中参考借鉴，不作为监督指导的依据。（七）保险业务档案归档范围摘自 1994 年由当时的中国人民保险公司和国家档案局联合下发的《中国人民保险公司档案管理办法》（保发[1994]85 号）文件，也仅供各企业参考。人身保险业务文件材料归档范围和档案保管期限参照《人身保险业务档案管理规范》（DA/T36－2007）实行。

续表

序号	基 本 范 围	保管期限	
		短期业务	长期业务
1.1.10	有效贷款卡（复印件）（需提供密码）	5年	20年
1.1.11	财务报告及报表（可以是复印件）	5年	20年
1.1.12	其他相关文件材料	5年	20年
1.2	协议存款和同业存款文件材料		
1.2.1	协议存款文件材料		
1.2.1.1	开户文件材料	5年	20年
1.2.1.2	开户协议	5年	20年
1.2.1.3	协议存款合同	5年	20年
1.2.1.4	印鉴卡	5年	20年
1.2.2	同业存款文件材料		
1.2.2.1	同业客户同业存款利率执行水平备案表	5年	20年
1.2.2.2	一般客户超权限申报文件材料	5年	20年
1.3	委托贷款文件材料		
1.3.1	业务申请书	5年	20年
1.3.2	借款申请书	5年	20年
1.3.3	贷款审查审批单	5年	20年
1.3.4	授权放款通知书	5年	20年
1.3.5	贷款总协议	5年	20年
1.3.6	贷款单项协议	5年	20年
1.3.7	借款凭证	5年	20年
1.3.8	贷款业务情况报告书	5年	20年
1.3.9	贷款检查报告书	5年	20年
1.3.10	还款凭证	5年	20年
1.3.11	贷款展期申请书	5年	20年

续表

序号	基 本 范 围	保管期限	
		短期业务	长期业务
1.3.12	展期合同	5 年	20 年
1.3.13	贷款逾期、欠息通知书	5 年	20 年
1.3.14	利率调整通知书	5 年	20 年
1.3.15	其他文件材料	5 年	20 年
1.4	授信意向文件材料		
1.4.1	授信意向书申请/报备表	5 年	20 年
1.4.2	商业银行出具授信意向书审批通知（超分行审批权限项目需要）	5 年	20 年
1.4.3	授信意向书业务工作单	5 年	20 年
1.4.4	调查报告及相关审批意见	5 年	20 年
1.4.5	授信意向书样本	5 年	20 年
1.5	外国政府贷款文件材料		
1.5.1	财政部转贷批文	5 年	20 年
1.5.2	商务合同	5 年	20 年
1.5.3	进口代理委托协议	5 年	20 年
1.5.4	授信审查意见（含借款人及项目有关材料）、授信审查表	5 年	20 年
1.5.5	总行转贷业务工作单	5 年	20 年
1.5.6	分支行融资委托函	5 年	20 年
1.5.7	金融协议	5 年	20 年
1.5.8	第一类项目财务代理委托协议	5 年	20 年
1.5.9	转贷协议（包括分行法律部门出具的法律意见书）	5 年	20 年
1.5.10	担保合同或担保确认书	5 年	20 年
1.5.11	金融协议生效通知书	5 年	20 年
1.5.12	转贷款登记证	5 年	20 年

续表

序号	基本范围	保管期限	
		短期业务	长期业务
1.5.13	归还外国政府贷款还款计划表	5年	20年
1.5.14	借款人转贷合同还款计划表	5年	20年
1.5.15	每笔提款记录	5年	20年
1.5.16	每笔还款记录	5年	20年
1.5.17	支付转贷手续费的记录	5年	20年
1.5.18	分支行定期检查报告	5年	20年
1.5.19	提款期展期申请及批复	5年	20年
1.5.20	其他与项目执行有关的文件材料	5年	20年
1.6	现金管理合作文件材料		
1.6.1	现金业务申请表	5年	20年
1.6.2	客户授权书	5年	20年
1.6.3	现金管理服务协议	5年	20年
1.6.4	本行与外资银行签订的业务合作协议	5年	20年
1.7	报关一点通文件材料		
1.7.1	业务申请报告	5年	20年
1.7.2	与海关、电子口岸签订的网上支付项目合作协议	5年	20年
1.7.3	与客户签订的网上支付税费协议及补充协议	5年	20年
1.7.4	业务申请表	5年	20年
1.7.5	海关关区代码表	5年	20年
1.7.6	中国电子口岸银行 IC 卡注册、申领、信息变更、挂失、冻结、作废申请表	5年	20年

续表

序号	基本范围	保管期限	
		短期业务	长期业务
1.7.7	开户行向海关行提交的异地支付业务申请表	5年	20年
1.7.8	异地报关行际间协议	5年	20年
1.7.9	其他具有保存价值的文件材料	5年	20年
1.8	网上银行文件材料		
1.8.1	用户申请表	5年	20年
1.8.2	集团企业关联关系申请表	5年	20年
1.8.3	网上银行业务受理单	5年	20年
1.8.4	网上银行客户申请表	5年	20年
1.8.5	网上银行服务协议	5年	20年
1.8.6	网上银行签约、配对账户申请表	5年	20年
1.8.7	网上银行客户恢复证书、密码、冻结、解冻申请书等	5年	20年
1.9	代理保险文件材料		
1.9.1	与保险公司签订的业务合作协议	5年	20年
1.9.2	与保险公司签订的保险代理协议	5年	20年
1.9.3	与保险公司签订的专项业务合作协议	5年	20年
1.9.4	备忘录等	5年	20年
1.10	财政授权支付文件材料		
1.10.1	财政部零余额账户批准文件	5年	20年
1.10.2	委托代理协议	5年	20年
1.10.3	招投标文件	5年	20年
1.10.4	开户凭证文件，额度和交易凭证	5年	20年
1.10.5	其他配套文件和协议	5年	20年
1.11	期货资金结算文件材料		

续表

序号	基 本 范 围	保管期限	
		短期业务	长期业务
1.11.1	期货经纪公司客户保证金主办协议	5年	20年
1.11.2	期货经纪公司客户保证金协办协议	5年	20年
1.12	证券资金清算业务		
1.12.1	全面业务合作协议，专项业务合作协议，合作备忘录	5年	20年
1.12.2	向银监会报备数据及有关文件材料	5年	20年
1.12.3	法人存管协议或营业部存管协议	5年	20年
1.12.4	监管部门批复	5年	20年
1.13	证券资产产品代销与资产托管业务文件材料		
1.13.1	全面业务合作协议，专项业务合作协议，合作备忘录	5年	20年
1.13.2	托管协议，代销协议	5年	20年
1.13.3	相关产品申报文件材料	5年	20年
1.14	银证通业务文件材料		
1.14.1	全面业务合作协议，专项业务合作协议，合作备忘录	5年	20年
1.14.2	与私金部门分步式银证通统计资料	5年	20年
1.14.3	待集中式银证通上线后相关业务文件材料	5年	20年
1.15	代理政策性银行贷款文件材料		
1.15.1	委托代理协议	5年	20年
1.15.2	政策性银行营业执照，金融机构许可证	5年	20年
1.15.3	借款人与政策性银行签订的借款、担保合同	5年	20年

续表

序号	基 本 范 围	保管期限	
		短期业务	长期业务
1.15.4	向政策性银行递交的有关申请材料	5年	20年
1.15.5	借款人用款审批单据	5年	20年
1.15.6	代理费收取单据	5年	20年
1.15.7	贷后对机构的检查记录	5年	20年
1.16	代理资金信托计划资金收付业务文件材料		
1.16.1	业务开办申请	5年	20年
1.16.2	风险声明	5年	20年
1.16.3	分行风险监控报告	5年	20年
1.16.4	个案文件材料	5年	20年
1.17	投资银行业务文件材料	5年	20年
1.18	资金业务文件材料		
1.18.1	每日商业银行及分行资金头寸匡算文件材料	1年	
1.18.2	网上同业资金拆借业务		
1.18.2.1	网上同业资金拆借业务报批单	结清起5年	
1.18.2.2	全国银行间同业拆借和银行间借用拆借成交通知单	结清起5年	
1.18.2.3	商业银行间同业拆借划款通知单	结清起5年	
1.18.3	网下同业拆借业务		
1.18.3.1	资金拆借合同	结清起5年	
1.18.3.2	同业拆借划款通知书	结清起5年	
1.18.4	债券回购（包括逆回购和正回购）		
1.18.4.1	回购业务报批单	3年	5年
1.18.4.2	质押式逆（正）回购成交通知单	3年	5年
1.18.4.3	查询封闭式回购指令	3年	5年

续表

序号	基本范围	保管期限	
		短期业务	长期业务
1.18.4.4	债券回购划款通知单	3年	5年
1.18.5	现券交易业务		
1.18.5.1	业务报批单	3年	5年
1.18.5.2	债券买入（卖出）成交通知单	3年	5年
1.18.6	同业借款		
1.18.6.1	人民币同业借款合同	5年	
1.18.6.2	同业拆借划款通知单	5年	
1.18.7	系统内资金调拨业务		
1.18.7.1	资金上存申请单，资金互存调拨单	5年	
1.18.7.2	资金调拨申请金，资金调拨单	5年	
1.18.7.3	辖内资金调剂业务形成文件材料	5年	
2	**个人负债业务文件材料**		
2.1	永久储蓄业务文件材料		
2.1.1	储蓄账户移植清单及新旧账号对照表	5年	20年
2.1.2	储蓄存款账户开、销登记簿	5年	20年
2.1.3	单证挂失登记簿	5年	20年
2.1.4	口头、印密挂失、冻结登记簿	5年	20年
2.1.5	汉字缺失登记簿	5年	20年
2.1.6	领卡登记簿	5年	20年
2.1.7	卡挂失登记簿	5年	20年
2.1.8	密码重置登记簿	5年	20年
2.1.9	充磁登记簿	5年	20年
2.1.10	操作员钥匙、磁卡、代码登记簿	5年	20年
2.1.11	已用传票、账表保管登记簿	5年	20年
2.1.12	储蓄单折、印密挂失申请书	5年	20年
2.1.13	储蓄档案销毁清单	5年	20年

续表

序号	基本范围	保管期限	
		短期业务	长期业务
2.1.14	机构裁撤合并交接清单	5年	20年
2.2	长期储蓄业务文件材料		
2.2.1	授权业务流水账	5年	20年
2.2.2	传票及其附件	5年	20年
2.2.3	自助设备业务流水账	5年	20年
2.2.4	信用卡、借记卡、国际卡申请表	5年	20年
2.2.5	基金开户、开通、认购、申购、赎回申请书等	5年	20年
2.2.6	各银行同城通存通兑资金清算、卡清算、电子报单、汇兑电子传票等	5年	20年
2.3	短期类储蓄业务文件材料		
2.3.1	储蓄网点营业日报表及其补充报表、表外日报表、支行汇总的营业日报表及其补充报表、表外日报表	5年	20年
2.3.2	水、电、燃气、交通罚款、移动电话、固定电话缴费业务留存的留底发票	5年	20年
2.3.3	存取款单据、转账单	5年	20年
2.3.4	个人外汇买卖文件材料	5年	20年
2.3.5	现金、公章调剂单等	5年	20年
2.3.6	卡类挂失、重置卡清单	5年	20年
2.3.7	各种不定期报表，各种登记簿、记录簿等	5年	20年
2.3.8	业务流水账	5年	20年
2.4	其他业务形成的文件材料	5年	20年

（二）商业银行资产业务档案保管期限参考表

序号	基本范围	保管期限		
		一年以内	一年以上	国家重大项目
1	**贷款文件材料**			
1.1	人民币固定资产贷款文件材料			
1.1.1	贷款人基本情况表，机构法人营业执照、法人代码复印件	5年	20年	永久
1.1.2	固定资产投资项目可行性研究报告或计划任务书及其批准文件	5年	20年	永久
1.1.3	固定资产投资项目扩初设计或实施方案及其批准书	5年	20年	永久
1.1.4	资产评估报告及验证的资格评审确认文件	5年	20年	永久
1.1.5	借款单位的借款申请书	5年	20年	永久
1.1.6	借款单位的担保或抵押文件	5年	20年	永久
1.1.7	贷款人信用等级评定、贷款风险测试文件	5年	20年	永久
1.1.8	项目评估报告或项目审查报告书	5年	20年	永久
1.1.9	经办银行或经办单位推荐项目文件材料	5年	20年	永久
1.1.10	贷款审查委员会成员签名的贷款审查意见	5年	20年	永久
1.1.11	人民币固定资产贷款合同	5年	20年	永久
1.1.12	项目变更方案及其批准文件	5年	20年	永久
1.1.13	概、预算审查报			
1.1.13.1	项目跟踪管理的情况记录及有关报表资料	5年	20年	永久

续表

序号	基本范围	保管期限		
		一年以内	一年以上	国家重大项目
1.1.13.2	在建项目贷后检查报告	5年	20年	永久
1.1.13.3	核定贷款指标通知书，贷款发放、收回的凭证	5年	20年	永久
1.1.13.4	贷款还款计划	5年	20年	永久
1.1.13.5	到期（逾期）贷款催收通知书	5年	20年	永久
1.1.13.6	贷款展期申请书及审批表	5年	20年	永久
1.1.13.7	借款展期协议书、担保及抵押文件	5年	20年	永久
1.1.13.8	呆账核销材料	5年	20年	永久
1.1.14	与项目有关的专题调查报告及对问题的处理意见	5年	20年	永久
1.1.15	工程竣工验收报告及银行对决算审查的报告	5年	20年	永久
1.1.16	项目总结及项目评价材料	5年	20年	永久
1.1.17	其他需归档的文件材料	5年	20年	永久
1.2	人民币流动资金贷款			
1.2.1	首次借款文件材料			
1.2.1.1	借款人营业执照、法人代码证或身份证等的复印件	5年	20年	永久
1.2.1.2	借款人代表或授权代理人的证明材料原件	5年	20年	永久
1.2.1.3	借款人财务运行情况，上一年度财务报表及申请贷款前一个月的财务报表	5年	20年	永久
1.2.1.4	借款人固定经济收入或具有偿还能力的证明材料	5年	20年	永久
1.2.1.5	企业信用评级测定表	5年	20年	永久

续表

序号	基本范围	保管期限		
		一年以内	一年以上	国家重大项目
1.2.1.6	有效的购销合同、订单或意向书等的复印件	5年	20年	永久
1.2.1.7	公司章程、联营协议等的复印件	5年	20年	永久
1.2.1.8	建立信贷款关系申请审批书	5年	20年	永久
1.2.1.9	建立信贷款关系契约等	5年	20年	永久
1.2.2	借款人基本情况表	5年	20年	永久
1.2.3	贷款调查报告	5年	20年	永久
1.2.4	贷款风险测定表	5年	20年	永久
1.2.5	贷款审批表	5年	20年	永久
1.2.6	贷款申请书	5年	20年	永久
1.2.7	借款人审查资料	5年	20年	永久
1.2.8	贷款审查委员会成员签名的贷款审查意见	5年	20年	永久
1.2.9	流动资金（信用或担保）贷款合同	5年	20年	永久
1.2.10	抵押贷款文件及清单	5年	20年	永久
1.2.11	贷款展期申请书及审批文件	5年	20年	永久
1.2.12	展期还款协议书及担保文件	5年	20年	永久
1.2.13	借款及还款凭证	5年	20年	永久
1.2.14	其他需归档的文件	5年	20年	永久
1.3	外汇贷款文件材料			
1.3.1	政府有关部门对合资企业的批文	5年	20年	永久
1.3.2	有关部门出具的合资双方投资入股的验资证明	5年	20年	永久
1.3.3	资信调查材料	5年	20年	永久
1.3.4	外汇贷款项目备选通知书	5年	20年	永久

续表

序号	基 本 范 围	保管期限		
		一年以内	一年以上	国家重大项目
1.3.5	外汇项目报批函	5年	20年	永久
1.3.6	地方或项目单位委托银行筹资的函	5年	20年	永久
1.3.7	地方外汇管理局委托银行筹资的批文	5年	20年	永久
1.3.8	不可撤销现汇担保书	5年	20年	永久
1.3.9	不可撤销人民币担保书	5年	20年	永久
1.3.10	不可撤销外汇额度担保书	5年	20年	永久
1.3.11	配套资金落实情况文件材料	5年	20年	永久
1.4	授信额度文件			
1.4.1	授信额度协议	5年	20年	永久
1.4.2	保证合同	5年	20年	永久
1.4.3	授信额度报告	5年	20年	永久
1.4.4	经办部门初审报告	5年	20年	永久
1.4.5	授信额度调查报告	5年	20年	永久
1.4.6	企业申请授信额度报告	5年	20年	永久
1.4.7	额度批复意见及结果通知书	5年	20年	永久
1.4.8	有关部门的审计报告	5年	20年	永久
1.4.9	授权书	5年	20年	永久
1.4.10	企业营业执照复印件	5年	20年	永久
1.4.11	客户信用评级表	5年	20年	永久
1.4.12	资产负债表	5年	20年	永久
1.4.13	信用等级评分表	5年	20年	永久
1.4.14	客户授信风险限额表	5年	20年	永久
1.4.15	客户授信风险值统计表	5年	20年	永久
1.4.16	授信额度分配通知	5年	20年	永久

续表

序号	基 本 范 围	保管期限		
		一年以内	一年以上	国家重大项目
1.4.17	其他有关材料	5年	20年	永久
1.5	个人存单质押贷款			
1.5.1	质押贷款申请表	5年	20年	永久
1.5.2	借款人、出质人有效身份证复印件	5年	20年	永久
1.5.3	银行有效个人定期储蓄存单复印件	5年	20年	永久
1.5.4	借款人持有存单的预留印鉴或密码	5年	20年	永久
1.5.5	存单止付证明	5年	20年	永久
1.5.6	借款借据	5年	20年	永久
1.5.7	放、收款通知单	5年	20年	永久
1.5.8	借款合同	5年	20年	永久
1.5.9	质押合同	5年	20年	永久
1.5.10	贷款审批表	5年	20年	永久
1.5.11	授权委托书	5年	20年	永久
1.5.12	存单质押通知书	5年	20年	永久
1.5.13	质押到期通知、解冻清单	5年	20年	永久
1.5.14	其他有关文件	5年	20年	永久
1.6	住房按揭贷款			
1.6.1	借款合同	5年	20年	永久
1.6.2	保证合同	5年	20年	永久
1.6.3	抵（质）押合同	5年	20年	永久
1.6.4	委托代理公证书	5年	20年	永久
1.6.5	贷款审批表	5年	20年	永久
1.6.6	用款通知书	5年	20年	永久
1.6.7	借款借据（或提款申请审批表）	5年	20年	永久
1.6.8	划款授权书	5年	20年	永久

续表

序号	基本范围	保管期限		
		一年以内	一年以上	国家重大项目
1.6.9	公房上市确认材料	5年	20年	永久
1.6.10	借款人申请材料	5年	20年	永久
1.6.11	借款人情况调查材料			
1.6.11.1	借款身份证明	5年	20年	永久
1.6.11.2	收入证明	5年	20年	永久
1.6.11.3	支付所购住房首期购房款证明	5年	20年	永久
1.6.11.4	法律意见书	5年	20年	永久
1.6.12	借款人信用评级材料	5年	20年	永久
1.6.13	放款通知单、发放、收回贷款凭证	5年	20年	永久
1.6.14	贷款催收文件	5年	20年	永久
1.6.15	贷款清分材料	5年	20年	永久
1.6.16	抵（质）押登记证明	5年	20年	永久
1.6.17	抵押物保单	5年	20年	永久
1.6.18	存单证明	5年	20年	永久
1.6.19	购房合同或协议	5年	20年	永久
1.6.20	授权委托书复印件	5年	20年	永久
1.6.21	收押协议	5年	20年	永久
1.6.22	其他有关文件	5年	20年	永久
2	**票据业务文件材料**			
2.1	票据贴现			
2.1.1	贴现协议	5年	20年	永久
2.1.2	贴现凭证	5年	20年	永久
2.1.3	汇票复印件	5年	20年	永久
2.1.4	贴现申请书	5年	20年	永久
2.1.5	出票行证实书	5年	20年	永久

续表

序号	基 本 范 围	保管期限		
		一年以内	一年以上	国家重大项目
2.1.6	交易合同复印件	5年	20年	永久
2.1.7	发票复印件	5年	20年	永久
2.1.8	贴现申请人的法人资格证明文件	5年	20年	永久
2.1.9	其他有关文件	5年	20年	永久
2.1.10	清分材料	5年	20年	永久
2.2	承兑汇票			
2.2.1	商业汇票承兑协议	5年	20年	永久
2.2.2	保证合同	5年	20年	永久
2.2.3	低、质押合同	5年	20年	永久
2.2.4	报批请示	5年	20年	永久
2.2.5	承兑调查表	5年	20年	永久
2.2.6	评审报告	5年	20年	永久
2.2.7	承兑申请书	5年	20年	永久
2.2.8	客户交易合同复印件	5年	20年	永久
2.2.9	增值税发票复印件	5年	20年	永久
2.2.10	清分材料	5年	20年	永久
2.2.11	其他有关文件材料	5年	20年	永久
3	**保全业务文件材料**			
3.1	保全清收文件			
3.1.1	部门间移交文件			
3.1.1.1	转保全通知书	5年	20年	永久
3.1.1.2	不良资产客户移交表	5年	20年	永久
3.1.1.3	单笔不良资产移交表	5年	20年	永久
3.1.1.4	不良资产档案移交清单	5年	20年	永久
3.1.1.5	单笔不良资产移交报告	5年	20年	永久

续表

序号	基本范围	保管期限		
		一年以内	一年以上	国家重大项目
3.1.1.6	重要提示	5年	20年	永久
3.1.1.7	其他有关文件材料	5年	20年	永久
3.1.2	清收产生文件			
3.1.2.1	项目清收保全方案	5年	20年	永久
3.1.2.2	项目清收保全签报	5年	20年	永久
3.1.2.3	保全/诉讼审批表	5年	20年	永久
3.1.2.4	评审意见/评审表	5年	20年	永久
3.1.2.5	清收保全资产情况报告/清收保全结果报告	5年	20年	永久
3.1.2.6	资产评估报告	5年	20年	永久
3.1.2.7	企业股东会对方案处置决议	5年	20年	永久
3.1.2.8	董事会决议及授权书	5年	20年	永久
3.1.2.9	债务人财务报表	5年	20年	永久
3.1.2.10	会计师事务所或审计师事务所对企业财务评估审查报告材料	5年	20年	永久
3.1.2.11	律师事务所出具的法律意见书	5年	20年	永久
3.1.2.12	企业还款计划	5年	20年	永久
3.1.2.13	起诉书	5年	20年	永久
3.1.2.14	法院判决书、裁定书或调解书	5年	20年	永久
3.1.2.15	和解协议及有关材料	5年	20年	永久
3.1.2.16	执行申请书	5年	20年	永久
3.1.2.17	企业破产申请报告	5年	20年	永久
3.1.2.18	债权凭证	5年	20年	永久
3.1.2.19	委托代理协议/风险代理协议	5年	20年	永久
3.1.2.20	中止执行通知书	5年	20年	永久

续表

序号	基本范围	保管期限		
		一年以内	一年以上	国家重大项目
3.1.2.21	执行中止裁定书	5年	20年	永久
3.1.2.22	执行和解的合同及协议	5年	20年	永久
3.1.2.23	有关会谈纪要和会议纪要	5年	20年	永久
3.1.2.24	清收中其他非纸质载体文件材料，如照片、录音、录像带等	5年	20年	永久
3.1.2.25	清收台账	5年	20年	永久
3.1.2.26	其他有关文件	5年	20年	永久
3.2	以物抵债、投资资产处置、解散注销、撤销变现、吊销变现、减免息、债务削减等的尽职调查文件			
3.2.1	资产处置总行批文	5年	20年	永久
3.2.2	处置项目概要表	5年	20年	永久
3.2.3	尽职调查报告	5年	20年	永久
3.2.4	资产处置、减免息、债务削减等的申请报告及附件	5年	20年	永久
3.2.5	处置过程中的所有重要会谈纪录	5年	20年	永久
3.2.6	实物资产、债权资产、股权资产和无形资产权属证等的复印件	5年	20年	永久
3.2.7	贷款的最近一次清分材料	5年	20年	永久
3.2.8	有关处置公告材料复印件	5年	20年	永久
3.2.9	其他有关文件	5年	20年	永久
3.3	资产处置委员会产生文件			
3.3.1	委员签到表	5年	20年	永久
3.3.2	会议纪要	5年	20年	永久
3.3.3	会议签报	5年	20年	永久

续表

序号	基 本 范 围	保管期限		
		一年以内	一年以上	国家重大项目
3.3.4	会议议题	5年	20年	永久
3.3.5	表决单	5年	20年	永久
3.3.6	其他有关文件	5年	20年	永久
3.4	不良资产划转			
3.4.1	申报材料	5年	20年	永久
3.4.2	债权转让协议	5年	20年	永久
3.4.3	最终责任认定文件	5年	20年	永久
3.4.4	责任人处理文件	5年	20年	永久
3.4.5	档案移交清单	5年	20年	永久
3.4.6	划转处置审批材料	5年	20年	永久
3.4.7	内部管理材料	5年	20年	永久
3.4.8	其他有关文件	5年	20年	永久

（三）商业银行中间业务档案保管期限参考表

序号	基 本 范 围	保管期限
1	**客户基础文件材料**	
1.1	客户身份证明，企业营业执照和法人身份证明	永久
1.2	税务登记证	永久
1.3	机构代码证	永久
2	**单笔业务文件材料**	
2.1	业务申请书	永久
2.2	委托凭证	永久
2.3	协议，合同	永久
2.4	审批单据	永久

（四）商业银行国际业务档案保管期限参考表

序号	基 本 范 围	保管期限
1	**融资类外汇保函业务文件材料**	
1.1	申请书	30 年
1.2	分行贷审会决议（附带法律意见书）	30 年
1.3	报总行申请书及总行批复、授权书	30 年
1.4	外汇管理局批复	30 年
1.5	企业提供的保函格式	30 年
1.6	经企业、总行确认的保函格式	30 年
1.7	保函副本	30 年
1.8	表外凭证	30 年
1.9	反担保协议或合同	30 年
1.10	担保协议或合同	30 年
1.11	（备用）借款合同复印件	30 年
1.12	对（备用）借款合同担保文书复印件	30 年
1.13	其他需归档的文件	30 年
2	**非融资类外汇保函业务文件材料**	
2.1	开立担保审批书	30 年
2.2	商业合同或协议	30 年
2.3	对外开立外汇保函申请书	30 年
2.4	有关批文	30 年
2.5	保证金入账凭证	30 年
2.6	外汇担保协议书	30 年
2.7	不可撤销的反担保书	30 年
2.8	企业提供的保函格式	30 年
2.9	保函副本	30 年
2.10	（备用）借款合同复印件	30 年
2.11	对（备用）借款合同担保书复印件	30 年

续表

序号	基本范围	保管期限
2.12	上报外汇管理局有关文件	30 年
2.13	超权限上报上级行的有关文件复印件	30 年
2.14	其他需归档的文件	30 年
3	**进口信用证业务文件材料**	
3.1	信用证记录卡	30 年
3.2	信用证副本	30 年
3.3	信用证开立申请书	30 年
3.4	进口合同	30 年
3.5	进口代理协议	30 年
3.6	进口付汇备案表	30 年
3.7	保证金入账凭证	30 年
3.8	机电产品登记证	30 年
3.9	特定商品登记证	30 年
3.10	进口许可证	30 年
3.11	贸易情况说明/保证书	30 年
3.12	信用证修改申请书	30 年
3.13	付款文件	30 年
3.14	客户签收联	30 年
3.15	进口付汇申报单	30 年
3.16	购汇申请书	30 年
3.17	其他需要归档的文件	30 年
4	**进口代收业务文件材料**	
4.1	付款文件	30 年
4.2	客户签收联	30 年
4.3	托收行面函	30 年
4.4	往来函电	30 年
4.5	进口合同	30 年

续表

序号	基 本 范 围	保管期限
4.6	进口代理协议	30 年
4.7	进口付汇备案表	30 年
4.8	机电产品登记证	30 年
4.9	特定商品登记证	30 年
4.10	进口许可证	30 年
4.11	贸易情况说明/保证书	30 年
4.12	进口付汇申请表	30 年
4.13	购汇申请文件	30 年
4.14	其他需归档的文件	30 年
5	**信用证通知业务文件材料**	
5.1	信用证通知	30 年
5.2	信用证修改通知	30 年
5.3	往来文电	30 年
5.4	其他需要归档的文件	30 年
6	**保函通知业务文件材料**	
6.1	非融资类保函通知业务文件材料	
6.1.1	非融资类保函通知	30 年
6.1.2	非融资类保函修改通知	30 年
6.1.3	来往函电	30 年
6.1.4	其他需归档的文件材料	30 年
6.2	融资类保函通知业务文件材料	
6.2.1	正本融资类保函	30 年
6.2.2	贷款审核联系单	30 年
6.2.3	正本融资类保函修改	30 年
6.2.4	修改贷款审核联系单	30 年
6.2.5	来往函电	30 年
6.2.6	其他需要归档的文件材料	30 年

续表

序号	基 本 范 围	保管期限
7	**转让信用证业务文件材料**	
7.1	转让信用证	30年
7.2	信用证转让委托书	30年
7.3	转让信用证项下修改	30年
7.4	转让信用证修改委托书	30年
7.5	合同	30年
7.6	正本信用证通知	30年
7.7	来往函电	30年
7.8	其他需归档的文件材料	30年
8	**BP、OC业务文件材料**	
8.1	单据收到确认单	30年
8.2	第二受益人单据	30年
8.3	再索汇面函	30年
8.4	结汇留底	30年
8.5	转让信用证项下付款留底	30年
8.6	来往函电	30年
8.7	其他需归档文件材料	30年

（五）资产管理业务档案保管期限参考表

序号	基 本 范 围	保管期限
1	**资产收购文件材料**	
1.1	商业化收购方案	永久
1.2	资产转让协议	永久
1.3	相关签报	永久
1.4	其他材料	永久

续表

序号	基本范围	保管期限
2	**资产接收文件材料**	
2.1	证明债权转让的文件材料	
2.1.1	债权转让协议及转让清单	永久
2.1.2	债权转让及催收公告	永久
2.1.3	关于资产剥离转让、接收的办法、通知	永久
2.1.4	关于往来文件函电、会议纪要、表格单证	永久
2.2	证明债权债务关系的法律文书或凭据	
2.2.1	授信合同（协议）/借款合同/展期协议（合同）/合同变更协议	永久
2.2.2	借款借据	永久
2.2.3	债权确认书	永久
2.2.4	其他证明材料	永久
2.3	证明担保权益的法律文书或凭据	
2.3.1	保证合同（担保函）及附件	永久
2.3.2	抵押登记证明文件或他项权证	永久
2.3.3	其他证明担保关系的法律文件	永久
2.4	证明诉讼时效、法定期间的法律文书或凭据	
2.4.1	到（逾）期贷款催收通知书及回执/催收送达公证书	永久
2.4.2	还款凭证	永久
2.4.3	其他证明诉讼时效/法定期间的文件	永久
2.5	诉讼类法律文书	
2.5.1	起诉状/答辩状/上诉状	永久
2.5.2	立案通知书/案件受理通知书	永久
2.5.3	其他诉讼类法律文件	永久
2.6	借款人基本情况文件材料	
2.6.1	营业执照	永久

续表

序号	基 本 范 围	保管期限
2.6.2	工商登记、变更、吊销、注销证明	永久
2.6.3	组织机构代码证	永久
2.6.4	年检证明	永久
2.6.5	公司章程	永久
2.6.6	税务登记证	永久
2.6.7	贷款证（卡）	永久
2.6.8	资质证书	永久
2.6.9	其他材料	永久
2.7	担保人档案资料	
2.7.1	营业执照	永久
2.7.2	年检证明	永久
2.7.3	公司章程	永久
2.7.4	税务登记证	永久
2.7.5	贷款证（卡）	永久
2.7.6	资质证书	永久
2.7.7	其他材料	永久
2.8	银行内部管理文件材料	
2.8.1	借款申请书	永久
2.8.2	银行贷前调查报告	永久
2.8.3	贷款调查（评估）报告	永久
2.8.4	贷款五级风险分类认定资料	永久
2.8.5	其他材料	永久
3	**管理处置文件材料**	
3.1	中断债权、担保权利诉讼时效、法定期间的法律文件	
3.1.1	债权催收通知书及回执/公证送达书	永久
3.1.2	刊登在省级以上报纸的债权催收公告	永久

续表

序号	基本范围	保管期限
3.1.3	其他证明诉讼时效、法定期间的文件	永久
3.2	债权日常管理材料	
3.2.1	项目日常走访工作表	永久
3.2.2	谈判记录、会谈纪要或电话记录单	永久
3.2.3	其他反映日常管理行为的材料	永久
3.3	实物资产管理和处置	
3.3.1	抵债协议及抵债物清单/权证/保险单/租赁协议	永久
3.3.2	实物资产权属变更过户手续	永久
3.3.3	实物资产盘点表	永久
3.3.4	其他反映日常管理行为的材料	永久
3.4	股权管理材料	
3.4.1	债转股实施材料	
3.4.1.1	尽职调查报告	永久
3.4.1.2	债转股补充协议	永久
3.4.1.3	上报国家相关部门的债转股方案	永久
3.4.1.4	国家相关部门对实施方案（或停止转股）的批复文件	永久
3.4.1.5	总公司对实施/处置方案的批复文件	永久
3.4.1.6	项目审计报告	永久
3.4.1.7	项目评估报告	永久
3.4.1.8	验资报告	永久
3.4.1.9	新公司章程（未完成过户的股权项目除外）	永久
3.4.1.10	新公司股东协议	永久
3.4.1.11	其他债转股实施相关材料	永久
3.4.2	股权资产日常管理材料	
3.4.2.1	走访调查报告	永久

3.4.2.2	年度审计报告	永久
3.4.2.3	年度经营报告	永久
3.4.2.4	其他材料	永久
3.4.3	股权项目三会议题材料	
3.4.3.1	会议通知及会议材料	永久
3.4.3.2	三会议题决策流程表	永久
3.4.3.3	其他材料	永久
3.5	方案审批材料	
3.5.1	总部方案审批材料	永久
3.5.2	分公司处置请示、审批申报表、处置方案及相关附件	永久
3.5.3	审核批复	永久
3.5.4	其他材料	永久
3.5.5	分公司方案审批材料	永久
3.5.6	处置部门的处置请示、审批申报表、处置方案及相关附件	永久
3.5.7	其他材料	永久
3.6	资产处置协议执行	
3.6.1	政策性股权项目处置立项的请示	永久
3.6.2	政策性股权处置立项的批复	永久
3.6.3	资产处置协议	永久
3.6.4	保证合同（担保函）及附件	永久
3.6.5	抵（质）押合同及附件	永久
3.6.6	履行协议	永久
3.6.7	其他材料	永久
3.7	破产	
3.7.1	按照国家主管部门提出的拟列入计划的破产企业向各分公司转发建议项目名单有关文件	永久

续表

序号	基本范围	保管期限
3.7.2	分公司上报的审查报告、企业破产处置方案的请示、计划内破产审批申报表、企业破产预案及附件签收登记表、计划内破产项目债权核对统计表	永久
3.7.3	破产企业列入《全国企业破产兼并和再就业工作计划》证明文件	永久
3.7.4	法院裁定书/判决书/通知书	永久
3.7.5	企业《破产预案》	永久
3.7.6	关于成立企业破产清算组的文件	永久
3.7.7	清算组向法院提交的企业财产清算和分配报告	永久
3.7.8	债权人会议通过的决议	永久
3.7.9	法院终结破产程序的裁定书	永久
3.7.10	受偿财产清单及变现清单	永久
3.7.11	法院裁定担保效力的裁定书/判决书	永久
3.7.12	其他材料	永久
3.8	评估	
3.8.1	评估立项表（评估请示及批复）	永久
3.8.2	评估报告审核意见书	永久
3.8.3	其他材料	永久
3.9	法律	
3.9.1	综合评审	
3.9.1.1	委托代理协议	永久
3.9.1.2	法律意见书	永久
3.9.1.3	其他材料	永久
3.9.2	诉讼实施	
3.9.2.1	撤诉申请书/支付令申请书/变更、追加诉讼事项申请书/执行申请书/财产保全申请书	永久

续表

序号	基 本 范 围	保管期限
3.9.2.2	立案通知书/案件受理通知书	永久
3.9.2.3	判决书/调解书/裁定书/仲裁裁决	永久
3.9.2.4	执行和解协议	永久
3.9.2.5	债权凭证	永久
3.9.2.6	委托代理协议	永久
3.9.2.7	其他材料	永久
3.10	拍卖	
3.10.1	拍卖机构选聘评审	
3.10.1.1	拍卖方式处置项目的批准文件	永久
3.10.1.2	委托拍卖合同	永久
3.10.1.3	其他材料	永久
3.10.2	拍卖实施	
3.10.2.1	发布拍卖招商公告和拍卖公告的报纸	永久
3.10.2.2	拍卖机构拍卖结果报告	永久
3.10.2.3	拍卖机构与受让方签署的成交确认书	永久
3.10.2.4	拍卖会现场记录	永久
3.10.2.5	其他材料	永久
3.11	公开竞争性出售	
3.11.1	公开竞争性出售方式处置项目的批准文件	永久
3.11.2	评价规则	永久
3.11.3	评价备忘录	永久
3.11.4	其他材料	永久
3.12	招投标	
3.12.1	招投标方式处置项目的批准文件	永久
3.12.2	发布公告	永久
3.12.3	中标通知书	永久
3.12.4	其他材料	永久

续表

序号	基本范围	保管期限
3.13	处置公告	
3.13.1	发布在公司网站的处置公告	永久
3.13.2	发布处置公告的报纸	永久
3.13.3	其他材料	永久
3.14	项目终结认定	
3.14.1	债权资产处置终结认定申报审批表	永久
3.14.2	债权资产处置终结认定申报审批表	永久
3.14.3	债权资产处置终结认定申报审批表（债转股项目）	永久
3.14.4	项目处置终结报告	永久
3.15	项目终结审计	
3.15.1	审计意见书	永久

（六）资产经营业务档案保管期限参考表

序号	基本范围	保管期限
1	**托管清算业务文件材料**	
1.1	立项申请签报	永久
1.2	协议或备忘录（行政指定或委托除外）	永久
1.3	项目终结年度工作总结报告	永久
1.4	其他材料	永久
2	**财务顾问业务文件材料**	
2.1	财务顾问项目立项审批表	永久
2.2	财务顾问业务协议	永久
2.3	相关立项报备文件	永久
2.4	财务顾问咨询报告审批表	永久
2.5	财务顾问项目总结报告	永久
2.6	其他材料	永久

续表

序号	基 本 范 围	保管期限
3	**直接投资业文件材料**	
3.1	立项申请	永久
3.2	投资方案	永久
3.3	交易文件	永久
3.4	企业走访调查报告	永久
3.5	三会通知及会议资料	永久
3.6	总部的批复或三会议题决策意见通知单	永久
3.7	其他材料	永久
4	**资产评估**	
4.1	金融企业资产评估项目备案表	永久
4.2	资产评估项目备案受理表	永久
4.3	资产评估项目备案审核表	永久
4.4	评估报告	永久
4.5	其他材料	永久
5	**法律中介机构管理**	
5.1	涉诉案件审批表/非诉讼法律事务审查审批表	永久
5.2	项目评审意见表	永久
5.3	中介机构选聘结果审批表	永久
5.4	其他材料	永久

（七）保险业务档案归档范围（参考）

序号	基 本 范 围
1	**承保单证**
1.1	保单副本及附表
1.2	批单副本、附表及批改申请书
1.3	投保单及附表
1.4	保险费收据（存根联）

续表

序号	基 本 范 围
1.5	退费收据（存根联）
1.6	保险合同或协议
1.7	保费结算通知书
1.8	中途退保的有关单证、附表、合同、协议
1.9	其他
2	**赔案**
2.1	国内财产险、农业保险赔案
2.1.1	出险通知书
2.1.2	损失清单
2.1.3	出险证明材料
2.1.4	保单抄件
2.1.5	批单抄件
2.1.6	事故查勘报告表
2.1.7	检验结果或技术鉴定报告
2.1.8	估价单、定损协议、修理协议
2.1.9	医疗费、修理费、施救费等各种原始单证
2.1.10	结案报告书
2.1.11	赔款计算书及附表
2.1.12	赔款收据（存根联）
2.1.13	授权书或权益转让书
2.1.14	撤销授权书的函
2.1.15	损失索赔申请书
2.1.16	损失物资回收处理单
2.1.17	预借赔款申请书
2.1.18	注销、拒赔案件报告书
2.1.19	赔案呈批报告副本及上级批复文件
2.1.20	行政执法部门或法院调解书、判决书或仲裁机关的仲裁书

续表

序号	基 本 范 围
2.1.21	现场照片
2.1.22	赔案说明或定损理算说明
2.1.23	其他
2.2	人身险给付案
2.2.1	给付申请书
2.2.2	保单或投保单副本抄件
2.2.3	储蓄性业务给付案件保险证及最后一期缴费凭证
2.2.4	出险事故通知书
2.2.5	现场勘查记录
2.2.6	出险调查报告
2.2.7	死亡（伤残）证明（由所在地公安派出所出具的死亡、出生年月证明，伤残由县以上医院出具残废程度证明）
2.2.8	其他证明材料（包括门诊处方、医疗费原始单据、住院病历及出院诊断证明、交警司法部门证明等）
2.2.9	给付保险金通知书
2.2.10	起诉书、应诉书、答辩状、法院仲裁书、庭外调解协议书
2.2.11	给付领款收据
2.2.12	批单
2.2.13	现场照片及被保险人伤残部位照片
2.2.14	案件呈批报告副本及上级公司批复文件
2.2.15	权益转让书
2.2.16	结算报告
2.2.17	其他
2.3	涉外业务
2.3.1	非水险（包括财产险、汽车险、人身意外伤害险、责任险、船舶险、飞机险、投资险，出口信用险）赔案
2.3.1.1	赔款收据及权益转让书

续表

序号	基 本 范 围
2.3.1.2	各种发票
2.3.1.3	出险通知
2.3.1.4	事故经过报告
2.3.1.5	检验报告（律师报告、分析报告、现场照片、医院证明等）
2.3.1.6	医疗费或修理费单据
2.3.1.7	估价单
2.3.1.8	赔款计算书
2.3.1.9	保单副本或影印件
2.3.1.10	本公司与上级公司关于赔案的请示批复
2.3.1.11	各类调解、仲裁、判决、协议书等
2.3.1.12	批单
2.3.1.13	函电
2.3.1.14	向第三者追偿的文件
2.3.1.15	索赔通知书
2.3.1.16	现场照片
2.3.1.17	证明材料
2.3.1.18	修理合同或协议
2.3.1.19	其他
2.3.2	水险业务赔案
2.3.2.1	函电
2.3.2.2	索赔清单
2.3.2.3	检查验损报告
2.3.2.4	发票
2.3.2.5	装箱单
2.3.2.6	进口国的海关证明
2.3.2.7	保单正本、批单
2.3.2.8	提单及其他运输单据

续表

序号	基 本 范 围
2.3.2.9	赔款收据及权益转让书
2.3.2.10	理算书
2.3.2.11	现场照片
2.3.2.12	货损货差证明
2.3.2.13	赔款计算书
2.3.2.14	外汇申请书
2.3.2.15	海事报告及航海日志摘要
2.3.2.16	向承运人或其他第三者追偿的文件
2.3.2.17	如通过法律诉讼的案件应包括起诉书，委请国外律师代办诉讼授权书和权益证明
2.3.2.18	超赔案审批权的案件的请示、批复
2.3.2.19	登轮记录
2.3.2.20	担保函
2.3.2.21	起运通知
2.3.2.22	其他
2.4	防灾防损业务
2.4.1	保险标的周围环境及主要危险部位标示图
2.4.2	防灾检查记录
2.4.3	重大隐患整改建议书
2.4.4	各种灾害事故调研报告，课题研究材料
2.4.5	灾害事故发生的原因、损失范围、时间、损失金额等情况记录
2.4.6	防灾防损费用支出、防损措施，办法、成果、经济效益

（八）财产保险业务档案保管期限（参考）

序号	基本范围	保管期限
1	**承保单证**	
1.1	一年期以上	
1.1.1	石油险	30年
1.1.2	航空、航天保险	30年
1.1.3	核电站保险	30年
1.1.4	企业财产保险	30年
1.1.5	家庭财产保险	
1.1.5.1	长效储金业务	永久
1.1.5.2	一年期业务	5年
1.1.6	个人住房抵押贷款业务	永久
1.1.7	责任保险	30年
1.1.8	远洋船舶保险	30年
1.1.9	内河、沿海船舶保险	30年
1.1.10	保赔保险	30年
1.1.11	国内、涉外等货运保险	5年
1.1.12	农村种植、养殖业保险	30年
1.1.13	机动车辆保险	5年
1.1.14	短期健康险、意外险	5年
1.1.15	各险种新开办业务第一张至第五张保险单证	永久
1.1.16	保险船舶的船名录	20年
1.1.17	各种财产保险业务展业情况、出险情况、赔付登记簿	永久
1.1.18	各种自然灾害、意外事故综合统计资料、分析材料	永久
1.2	一年期的	5年
2	**赔案文件材料**	
2.1	石油险	30年

续表

序号	基 本 范 围	保管期限
2.2	航空保险	永久
2.3	核电站保险、航天保险	永久
2.4	企业财产保险	
2.4.1	一次事故1000万元以上	永久
2.4.2	一次事故500～999万元	30年
2.4.3	一次事故499万元以下	10年
2.5	家庭财产保险	5年
2.6	工程险	
2.6.1	1000万元以上	永久
2.6.2	999万元以下	30年
2.7	责任险	30年
2.8	远洋船舶、沿海船舶、内河船舶保险	
2.8.1	500万元以上	永久
2.8.2	100～499万元	30年
2.8.3	99万元以下	10年
2.9	陆路货运	
2.9.1	1000万元以上	永久
2.9.2	500～999万元	30年
2.9.3	499万元以下	10年
2.10	水路货运	
2.10.1	1000万元以上	永久
2.10.2	500～999万元	30年
2.10.3	499万元以下	10年
2.11	货运险追偿案、通融赔付案、拒赔案、有争议案、全损案	永久
2.12	机动车车辆保险	10年
2.13	农村养殖保险一次事故	

续表

序号	基本范围	保管期限
2.13.1	500 万元以上	永久
2.13.2	499 万元以下	20 年
2.14	农村种植保险	
2.14.1	1000 万元以上	永久
2.14.2	500～999 万元	20 年
2.14.3	499 万元以下	10 年
2.15	森林火灾保险	
2.15.1	1000 万元以上	永久
2.15.2	999 万元以下	30 年
2.16	短期健康险、意外险	5 年
2.17	各险种新开办业务第一笔至第五笔赔款案卷	永久
2.18	各险种追偿案、通融赔付案、疑难案、拒赔案、有争议案、全损案	永久
3	**再保险文件材料**	
3.1	法定分保业务年度报表、账单	
3.1.1	分公司系统内分保业务年度报表、汇总表	永久
3.1.2	分公司上报总公司分保业务年度报表、汇总表	永久
3.1.3	分公司法定分保业务决算报表或损益表（调整账单）	永久
3.1.4	支公司上报的系统内法定分保业务年度报表、汇总表	10 年
3.1.5	分公司法定分保业务年度未决赔款报表	10 年
3.1.6	支公司年度分保未决赔款明细表	10 年
3.2	法定分保业务季度报表、账单	
3.2.1	分公司法定分保业务季度报表、汇总表、分析材料	20 年
3.2.2	支公司法定分保业务季度报表、汇总表	10 年

续表

序号	基 本 范 围	保管期限
3.2.3	分公司法定分保业务季度账单	20 年
3.2.4	支公司法定分保业务季度账单	10 年
3.3	分支公司法定分保超限额业务报表、材料	10 年
3.4	大灾赔款统计表	
3.4.1	分公司阶段性年度大灾赔款统计表	永久
3.4.2	支公司大灾赔款统计表	20 年
3.5	商业分保	
3.5.1	分支公司有关临分业务的申请、批复、通知及相关资料	20 年
3.5.2	分支公司各种临分业务出险通知单、赔款通知及相关资料	20 年
3.5.3	分支公司商业分保账单	20 年
3.5.4	分公司分保业务季度报表	20 年
3.5.5	支公司合同分保业务季度报表	10 年
3.5.6	分支公司合同分保赔款相关材料	20 年
3.6	与国外其他保险公司来往结算单据	
3.6.1	本公司与国内外再保险分出分入业务的结算文件材料	永久
3.6.2	本公司与国内外保险同业业务往来的结算单据	永久
3.6.3	本公司与国内外其他保险公司分保来往文书	永久
3.7	保险船舶的船名录	20 年
3.8	各种财产保险业务展业情况、出险情况、赔付登记簿	永久
3.9	各种自然灾害、意外事故综合统计资料、分析材料	永久